CONTENTS

농작물 파종 및 모종 시기 • 2
가정원예 기초지식 • 3

 **PART I** 텃밭 가꾸기 • 4

- 가지 • 6
- 감자 • 8
- 고구마 • 10
- 고추 • 12
- 당근 • 14
- 무 • 16
- 배추 • 18
- 부추 • 20
- 상추 • 22
- 시금치 • 24
- 쑥갓 • 26
- 엔다이브 • 28
- 잎들깨 • 30
- 케일 • 32
- 콩 • 34
- 토마토 • 36
- 파 • 38

 **PART II** 텃밭농장에서 많이 발생하는 병해충진단과 방제 • 40

- 흰가루병 · 탄저병 • 42
- 노균병 · 뿌리혹병 • 44
- 역병(돌림병) · 진딧물 • 46
- 배추흰나비 · 총채벌레 • 48
- 응애류(점박이) · 거세미나방 • 50
- 굴파리(아메리카잎굴파리) · 배추벼룩잎벌레나방 · 무잎벌레 • 52
- 천연농약을 이용한 병해충관리 • 54

 **PART III** 재미로 읽는 약초이야기 • 56

- 감국 • 58
- 감초 • 60
- 겨우살이 • 62
- 결명자 • 64
- 구기자 • 66
- 구절초 • 68
- 당귀 • 70
- 도라지 • 72
- 둥굴레 • 74
- 마 • 76
- 민들레 • 78
- 삼지구엽초 • 80

농작물 파종 및 모종 시기

주말농장 개장 : ④월 일

주말농장 권장작물
- 씨앗 : 열무, 상추, 쑥갓, 갓, 얼갈이배추, 시금치, 총각무, 대파, 아욱, 콩, 당근, 감자, 부추, 잎들깨
- 모종 : 고추, 가지, 고구마, 치커리, 토마토, 방울토마토, 비트, 상추, 케일, 신선초, 청경채, 배추, 상추

주말농장 지양작물
- 넝쿨이 많이 자라 주위 농장에 피해를 많이 주는 호박, 참외, 수박 등
- 옥수수(땅의 양분을 많이 가져가고 또한 그늘이 생겨 주변에 심은 작물이 잘 자라지 않음)

시기별 씨뿌림 혹은 모종 심기 작물

시 기	씨 앗	모 종
④월중순	감자, 부추, 시금치, 대파, 당근, 우엉, 완두·강낭콩, 갓, 쑥갓, 아욱, 시금치, 비트, 양배추, 신선초, 열무	상추, 딸기, 양배추
④월중순 ~ ⑥월초	열무, 총각무, 얼갈이배추, 상추, 아욱, 토란, 콩, 청경채, 땅콩, 순무	쑥갓, 상추, 비트, 양상추, 부추, 엔다이브, 청경채
⑤월초순 ~ ⑥월초	근대, 수수, 참깨, 들깨	케일, 신선초, 청경채, 비트, 치커리, 방울토마토, 호박, 청상추, 가지, 양배추
⑤월초순 ~ ⑥월중순	셀러리, 여름청상추, 녹두	고추, 가지, 토마토, 오이, 수박, 참외, 여름청상추, 피망
⑤월말 ~ ⑦월초		셀러리, 고구마
⑥월	팥	
⑥월 ~ ⑦월중순	조	
⑥월중순 ~ ⑧월중순	수수, 메밀	피망, 대파모종 정식
⑧월중순 ~ ⑨월초	시금치, 치커리	
⑨월초 ~ ⑩월초		치커리

김장파종 및 모종심기

시기	작물
⑧월초 ~ ⑧월중순	김장배추 씨앗 파종
⑧월중순 ~ ⑨월초	김장배추 모종 정식
⑧월중순 ~ ⑧월말	김장무 씨앗 파종
⑧월중순 ~ ⑨월중순	총각무, 얼갈이배추, 갓, 돌산갓

※ 주말농장 기준으로 기술하였으므로 농가에서 재배하는 것과 다소 차이가 있을 수 있습니다.

가정원예 기초 지식

좋은 밭 흙

적당량의 물을 머금을 능력이 있는 흙 – 모래 땅이나 진흙 땅은 좋지 않고, 유기질 비료분이 많으면 좋다.
약산성 내지 중성 토양 – 약산성 또는 중성에서 땅속의 여러 가지 영양소가 잘 녹아 식물이 흡수하기에 좋아진다. 대부분의 우리나라 땅은 산성 모암으로부터 만들어진 것이므로 산성이 심하다. 따라서 석회를 사용하여 산성을 중화해 주어야 한다.
도토리, 상수리 나무 등이 자생하는 지역은 중성에 가깝고, 소나무가 자생하는 지역은 산성이기 쉽다.
토양 전염성 병균이 적은 땅 – 같거나 비슷한 종류의 작물을 오래 심은 밭 흙은 그 종류의 작물에 해를 끼치는 병균에 오염되어 있을 가능성이 많으므로 다른 종류의 작물로 돌려짓기를 한다.

퇴비 만들기

퇴비는 식물이 필요로 하는 밭 흙이 물, 영양분, 공기 등을 적당한 비율과 속도로 공급하게 하는 필수적 기능을 한다.
재료 – 낙엽, 수확 후에 남은 작물의 잔해, 축사에서 나온 가축 분뇨, 음식물 찌꺼기 등
쌓기 – 위의 재료들을 벽이 있는 공간 속에 물을 뿌려가면서 눌러 쌓되, 켜를 지어 요소 비료를 소량씩 뿌려 주고 덮개를 해 준다.
발효 및 뒤집기 – 쌓인 재료는 자연에 있는 발효균에 의하여 멸균 발효된다. 맑은 날을 택해 뒤집어 공기를 공급해 주고 발효가 골고루 일어나도록 해준다. 3일 정도는 덮개를 열어 둔다. 뒤집기는 3~6월 간격으로 한다.

금비의 종류와 함량

질소질 – 요소(질소성분 함량 45%), 유안 (21%)
인산질 – 용과린 (20% : 고토 성분이 12% 정도 포함되어 있음), 용성인비 (20%)
칼륨 – 염화칼륨 (60%)
복합비료 사용 대상 작물에 따라 두 가지 이상의 금비 성분을 포함하고 있으며, 성분량은 질소–인산–칼리의 순으로 표기되어 있다.
즉 14–10–15라면 이 복합비료 100kg 중에 질소–인산–칼륨 성분이 각각 14kg–10kg–15kg 포함되어 있다는 것이다.
4종 복비 : 다양한 영양분이 포함되어 있어, 식물이 흡수 장애를 입는 경우 등에 물에 타서 사용하는 비료로,
성분 함량은 포장지에 표기되어 있다.

농약의 안전 사용 기준

병해충 때문에 농약을 전혀 사용하지 않고 텃밭을 가꾸기는 매우 어렵다. 현재 허가되어 시판되고 있는 농약들은 정부의 안전성 검사를 거친 것들이다. 농약마다 안전 사용 기준이 설정되어 있어서 수확하기 며칠 전부터는 치지 말아야 한다는 것이 명시되어 있다.

PART I
텃밭 가꾸기

- 가지
- 감자
- 고구마
- 고추
- 당근
- 무
- 배추
- 부추
- 상추
- 시금치
- 쑥갓
- 엔다이브
- 잎들깨
- 케일
- 콩
- 토마토
- 파

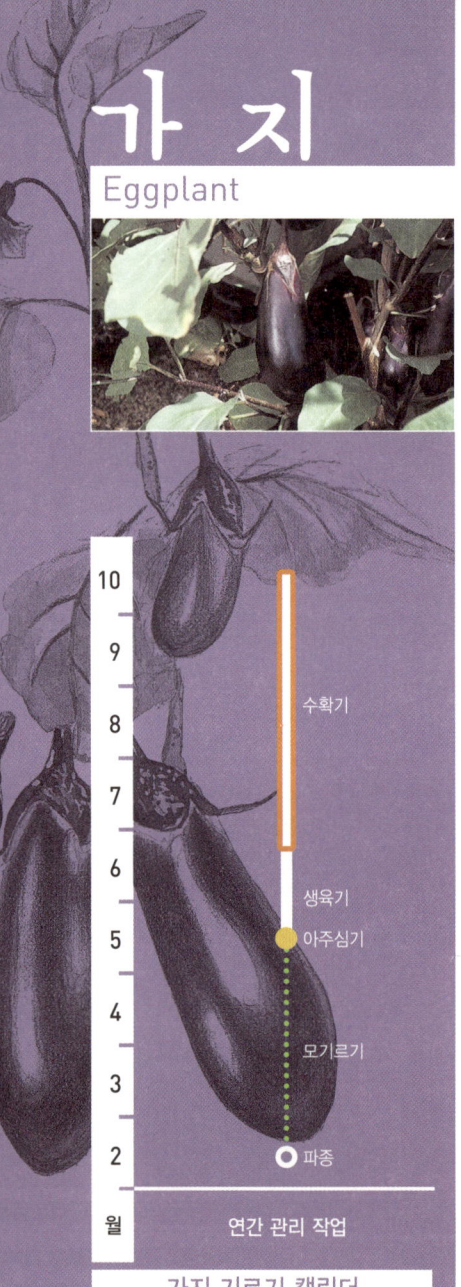

가지
Eggplant

가지는 고온성 작물이다
가지는 고온성 작물로 생육에 알맞은 온도는 22~30℃이고, 17℃ 이하가 되면 생육이 떨어지고 7~8℃ 이하가 되면 저온피해를 입게 된다. 35~40℃가 되면 화기의 발육이 불량해지고 세력이 약해진다. 물 빠짐이 좋은 충적토에서 재배하면 생육이 좋다.

작업 준비하기
품종 선택할 때 알아두어야 할 포인트
가지 품종은 비교적 단순하며 재래가지가 여름철 고온에도 강하다. 텃밭 채소가꾸기에서는 모종을 직접 기르는 것보다 가까운 꽃시장에서 우량 모종을 사다 심는 것이 좋다.
- 장가지 : 흑자색으로 과육이 유연하여 품질이 좋다.
- 쇠뿔가지 : 재래가지로 과실 껍질이 두껍고 내서성이 강하다.
- 기타 품종 : 신흑산호, 가락장가지

이런 묘를 추천한다
줄기가 곧고 웃자라지 않은 묘, 뿌리가 잘 발달하여 잔뿌리가 많이 있는 묘, 싱싱하고 병해충 피해가 없는 묘
꽃이 1~2개 피어 있고, 꽃이 크며 꽃눈이 많은 묘

이랑을 만들어 보자
두둑에 비닐을 피복하면 지온이 높아져 활착이 빠르고 잡초제거 노력과 관수노력을 절감할 수 있는 이점이 있다.

모종은 이렇게 심어보자
땅 온도가 17℃ 이상 되어야 뿌리내림이 잘된다.
햇볕이 좋고 기온이 높은 날을 택하여 심는다.

평상시의 관리요령

관리 기본
자람세를 좋게 하기 위해서는 줄기 안쪽까지 햇볕이 투과되도록 줄기 배치 해야 한다. 1번째 꽃 바로 아래 측지 2개를 두고 나머지 아래 곁가지를 모두 제거하면 본줄기와 함께 3줄기 가꾸기가 된다. 지주목으로 줄기 받침대를 세워주거나 지주목에 유인 끈으로 줄기를 받쳐준다.

물주기
1주일에 한 번 정도 땅속 깊이 스며들 정도로 충분히 준다.

비료(g/3.3m², 평)
요소 200~300g, 용성인비 160~250g, 염화칼륨 140~170g, 퇴비 3,000g, 석회 800g을 준다.
수확기간을 연장하려면 웃거름 질소질 비료를 계속 15일 간격으로 시용해야 한다.

수확을 해보자
과실 수확은 꽃핀 후 20~35일 전후에 한다. 이때 과실 무게는 80~100g 정도이다.
수확이 늦어지면 과실이 단단해져 맛이 없어지고 전체 수확량이 적어진다.
수확은 기온이 낮은 오전이 좋으며 과실 온도가 높은 오후에 수확하게 되면 하룻밤 동안 노지에 방치하여 과실을 식히는 것이 저장성 유지에 좋다.
과실이 상처를 받으면 갈색으로 변색되어 흉하게 된다.
저장 온도는 10~12℃가 좋으며 온도가 이보다 낮으면 과실이 상해서 광택이 없어지고 저장성이 떨어진다.

이랑 만들기

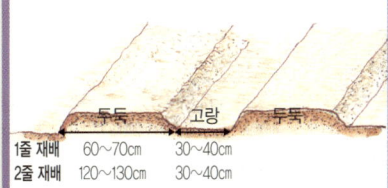

	두둑	고랑
1줄 재배	60~70cm	30~40cm
2줄 재배	120~130cm	30~40cm

가꾸기 포인트

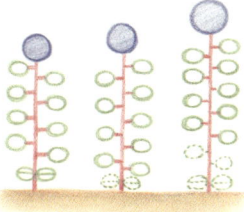

자엽이나 하엽을 제거하면 화아분화가 늦어진다.

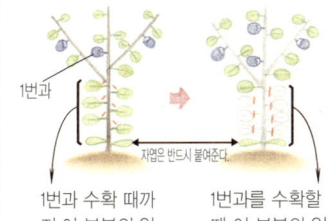

1번과 수확 때까지 이 부분의 잎을 제거해서는 안 된다.

1번과를 수확할 때 이 부분의 잎을 모두 제거하여 통풍을 좋게 한다.

감자

Potato

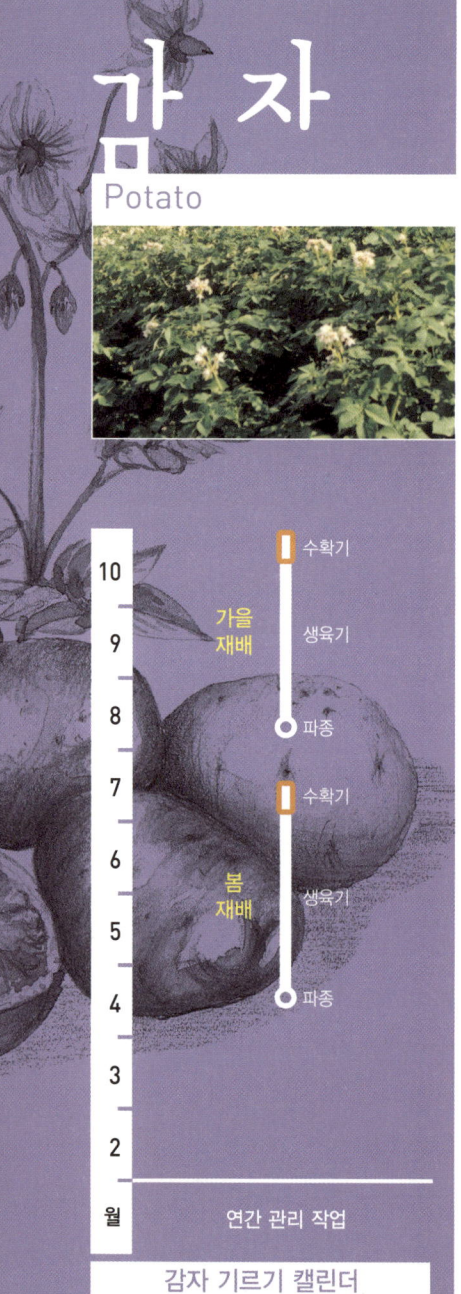

감자 기르기 캘린더

감자는 덩이줄기이다

감자는 식용부위가 땅속에서 줄기가 비대하여 만들어진 덩이줄기이다. 잎 생장에 적당한 온도는 16℃이며, 덩이줄기 형성에는 16~20℃가 적당하다.
약산성의 토양을 좋아하며, 알칼리성 토양에서는 더뎅이병이 발생할 수 있다.

지역별 생육기간

- 고 랭 지 : 4월 하순 파종 ~ 9월 중순 수확
- 중부지방 : 4월 상순 파종 ~ 7월 중순 수확
- 남부지방 : 2월 하순 파종 ~ 5월 중순 수확,
  8월 상순 파종 ~ 10월 하순 수확
- 제 주 도 : 1월 하순 파종 ~ 5월 하순 수확,
  9월 상순 파종 ~ 12월 하순 수확

작업 준비하기

파종
이랑 위에 25cm 간격으로 씨감자를 심는데, 5~6cm 두께로 복토한다.

종자 구하기
감자는 바이러스병에 의하여 퇴화하기 때문에 병에 걸리지 않은 씨감자를 사용해야 한다. 평창군 등 씨감자 생산 지역의 농협에 연락하면, 보증된 씨감자를 구입할 수 있다.

씨감자의 절단
씨감자의 크기는 40~60g이 적당하고, 눈은 2~4개가 좋다.
구입한 씨감자가 이보다 큰 경우에는 이 크기로 세로 자르기를 한다. 자를 때는 칼을 소독하여야 하며 자른 부위에 콜크층이 형성되도록 방치한 후에 심어야 한다.

주요 품종
- 조풍 : 동해안 및 남부 조기 재배용
- 남서 : 겨울철 시설 재배용으로 적합
- 추백 : 봄재배용으로 적합

- 자심 : 보라색으로 향과 맛이 좋다.
- 남작 : 봄재배용으로 조생이고 맛이 좋다.
- 수미 : 전국적으로 봄재배가 가능하고 남작보다 소출이 많다.
- 대지 : 휴면기간이 짧아 봄재배, 가을 재배 등에 두루 적응한다.

밭갈이와 이랑을 만들어 보자

밭은 봄재배의 경우, 가을에 갈아 두는 것이 좋다. 가는 깊이는 20㎝ 이상으로 한다. 이랑은 75㎝ 간격(두둑 50㎝, 고랑 25㎝)으로 한다.

평상시의 관리요령

제초 및 북주기
싹이 나오기 전에 가볍게 두둑을 긁어 주어 제초를 한다. 싹이 나온 후에 북주기를 겸하여 다시 긁어 주고 꽃이 피기 조금 전에 마지막으로 북을 준다.

물주기
과습과 지나친 건조는 모두 피해야 한다. 따라서 비온 후에는 물 빠짐에 유의하고 가물 때는 인공관수를 해야 한다.

비료(g/3.3m², 평)
요소 80g, 용과린 245g, 염화칼륨 78g, 고토 6g, 퇴비 3,300g을 준다.

> ●● 이런 점에 유의하면서 거름을 주자
> ▶ 질소와 칼륨비료는 생육을 촉진하는 데에, 인산은 덩이줄기의 형성을 앞당기는 데에 영향이 크다.
> ▶ 밑거름을 씨감자를 놓는 위치 바로 아래 부분에 모아서 주는 것이 좋다. 이때 씨감자와 밑거름 사이에 5㎝ 흙을 채운다.

수확을 해보자

날씨가 좋은 날을 택하여 수확한다. 작업 시에 상처를 입지 않도록 주의하고, 수확된 감자는 그늘에 넓게 펴서 수일 동안 말린 후에 마대나 상자에 담아 저장한다. 저장 온도는 0~10℃이다.

이랑 만들기

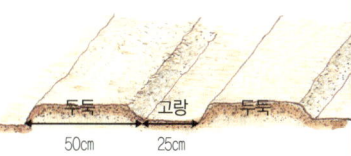
두둑 50cm, 고랑 25cm, 두둑

큰 씨감자는 이등분한다

씨감자는 30~40g 정도가 좋다. 큰 경우는 4~5일 전에 나무젓가락을 2개 놓고 그 위에 씨감자를 올려 이등분한다. 이렇게 하면 벤 자리가 건조해

위에서 아래로 자른다

지고, 또한 아래 부분이 붙어있기 때문에 물렁거리지 않는다. 씨감자는 싹이 많이 모여 있는 것이 위쪽이다.

* 보통 감자의 무게는 120g

북주기

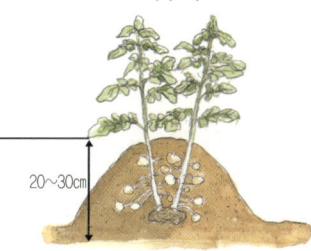
20~30cm

2회 실시한다. 1회째는 싹자르기 직후, 2회째는 2~3주일 후

수확

수확은 맑은 날에 한다. 수확을 한 감자는 음지에 포개지지 않게 펼쳐서 건조한 다음에 저장하는 것이 좋다.

괭이로 파낸다

고구마
Sweet potato

고구마 순을 길러보자
- 씨 고구마 : 병들지 않고 저장 중에 냉해를 입지 않은, 품종 고유의 고구마를 이용한다. 47~48℃의 물에 40분간 담그면 검은무늬병을 예방할 수 있다.
- 싹 틔우기 : 씨 고구마에 물을 뿌려 상자에 넣어 덮은 후에 덥고 (30~34℃) 습한 (포화습도) 곳에서 길이가 5㎝ 정도 될 때까지 싹을 틔운다.
- 씨 고구마 묻기 : 비닐냉상에 묻어서 순을 기른다. 순을 구입할 때에는 길이 30㎝ 정도에 굵고 마디 사이가 짧은 것을 고른다.

비닐냉상을 만들어 보자
찬바람이 치지 않고 습하지 않는 곳을 택하여 30㎝ 깊이로 판다. 바닥에 스티로폼이나 볏짚을 5㎝ 두께로 깔아 단열하고 깨끗한 흙과 신선한 두엄을 섞어만든 배지를 15㎝ 두께로 간 다음 싹 틔운 씨 고구마를 묻고 대나무나 철사로 얼개를 하고 그 위에 비닐을 덮는다.
밤에는 부직포로 덮어주고, 물은 데워서 준다.

아주심기를 하자
두둑은 높이 25㎝ 폭 50㎝, 고랑은 폭 25㎝로 본밭을 만든다.
순을 4~6마디(25㎝) 마다 잘라서 20㎝ 간격으로 심고 포기자리에 물을 준다.
심은 직후에는 거세미나방과 굼벵이를 잘 잡아준다.

일반관리요령
비료(g/3.3m², 평)
요소 40~160g, 용과린 100~150g, 염화칼륨 60~1100g, 퇴비 3,000g을 준다.
거름 주기
요소와 염화칼륨은 절반을 밑거름으로, 나머지는 20일 간격으로 나누어 웃거름으로 준다. 다른 비료는 모두 밑거름으로 준다.

고구마 기르기 캘린더

물주기
시듦 증상이 보이면 땅속 깊이 스며들 정도로 물을 준다.

수확과 저장
10월 중순(중부)이 적기, 너무 추워지면 저장성이 떨어진다.
땅이 질지 않을 때에 상처가 나지 않도록 수확하여 공기가 잘 통하는 음지에 10일 정도 펼쳐 놓았다가 저장용기에 담아 13℃에서 저장한다.

- 고구마 품종 : 밤고구마 (율미, 신건미, 베니오토매, 신영 1-3호), 호박고구마 (신황미, 신율미, 연미, 가보챠이모), 자색고구마(신자미, 연자미)

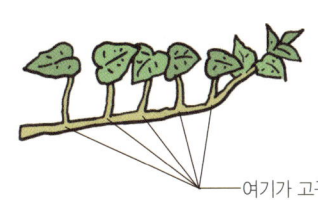
여기가 고구마 덩이뿌리가 형성되는 부위다.

땅이 질지 않을 때 상처가 나지 않도록 수확한다.

이랑 만들기
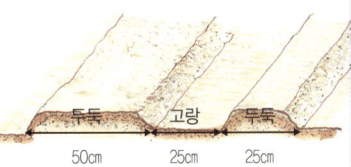
두둑 50cm / 고랑 25cm / 두둑 25cm

묘 삽식방법

개량 수평심기

빗심기

묘 삽식방법
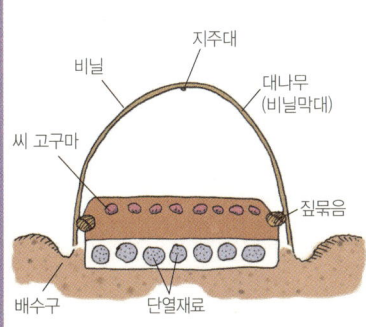
지주대 / 비닐 / 대나무(비닐막대) / 씨 고구마 / 짚묶음 / 배수구 / 단열재료

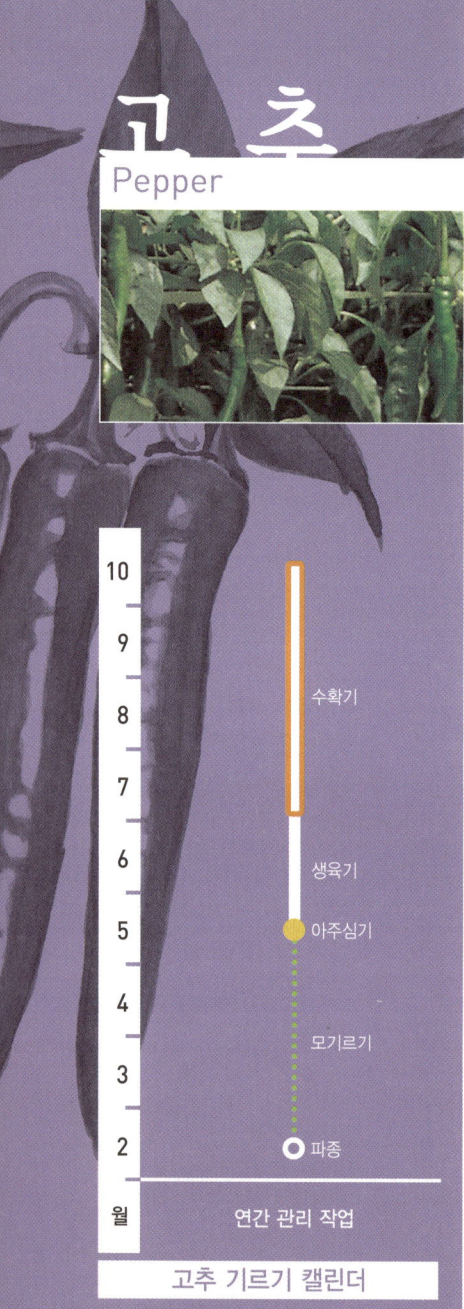

고추
Pepper

고추는 고온을 좋아한다
25~30℃(낮)가 재배하기에 적당한 온도이며, 30℃ 이상에서는 기형 과일이 많이 생기고 13℃ 이하에서는 씨가 없는 과일이 생긴다. 수분 흡수력이 좋은 양토 또는 식양토에서 재배한다.

작업 준비하기
2월 말에 씨를 뿌리고 4월 말에 밭에 심으면 6월 말에서 11월 초까지 과일을 딸 수 있다.
모기르기는 전열온상을 만들어 보온하여 주어야 한다. 모기르는 기간이 길기 때문에 모기르기 할 여건이 되지 않으면 꽃시장에서 묘를 구입하여 심는 것이 좋다.

이랑을 만들어 보자
심기 2주일 전에 퇴비, 석회, 닭똥 등을 골고루 뿌린 다음 갈아엎어 두둑 너비를 90~100㎝가 되게 한다. 두줄 심기는 40㎝ 정도의 간격으로 심는다.
두둑에 비닐을 씌우면 지온이 높아져 뿌리 내림이 빠르고 풀뽑기와 물주기 노력을 줄일 수 있는 이점이 있다.

모종은 이렇게 심어보자
모종을 심기 전에 비닐로 지면을 씌운 후에 40㎝ 간격으로 모종삽으로 구멍을 파 놓고 심은 다음에는 물을 충분히 주어야 한다. 심을 때에는 너무 깊게 심지 말고 묘에서 지상에 노출되었던 부분이 약간(2mm) 묻히게 심는다.

평상시의 관리요령
관리 기본과 물주기
비와 바람의 피해를 막기 위하여 120~150㎝의 대나무나 각목 등을 꽂아 끈으로 잡아 매어준다. 보통 4~5일 간격으로 물을 준다.

비료(g/3.3m², 평)

우선 밑거름으로 퇴비 10,000g, 계분 600g, 요소 30~40g, 용과린 300g, 염화칼륨 50g, 석회 250g을 준다. 요소는 추비로 25g씩 3회에 나누어 주고 염화칼륨은 마지막 추비 시 50g을 준다.

수확을 해보자

풋고추는 꽃이 피고 열매가 열려 25일이면 수확이 가능하며 홍고추는 꽃핀 후 45~50일 정도 지나야 수확이 가능하다.

풋고추는 7~10℃에서 저장하게 되면 45~50일 저장이 가능하다.

홍고추는 표면에 주름이 잡힐 때 매운맛이 강하므로 이때 수확하는 것이 적당하다.

말릴 때는 자주 뒤집어 주어 햇볕에 변색이 되지 않도록 주의해야 한다.

이랑 만들기

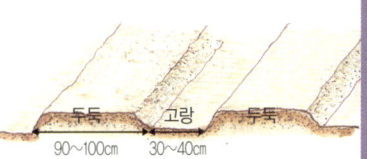

모기르기가 마땅치 않을 경우 꽃시장에 건강한 묘를 구입한다.

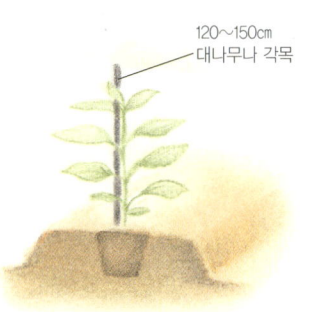

고추는 반드시 지주를 세워 준다.

당근
Carrot

당근 기르기 캘린더

- 봄 재배: 4월 파종 → 생육기 → 7월 수확기
- 가을 재배: 7월 파종 → 생육기 → 11월 수확기

비옥한 사질양토가 좋다
발아에는 15~25℃, 생육에는 20℃ 전후, 뿌리 비대는 16~20℃의 온도가 적당하다. 본잎이 1, 2, 3매 나온 후에 15℃ 이하에서 30일 이상 지나면 꽃눈이 만들어지고 그 후에 낮이 길어지면 장다리가 올라오며 꽃이 핀다.
토양은 약산성 또는 중성으로 토심이 깊고, 유기질이 많은 사질양토가 적합하다.

작업 준비하기
알아두어야 할 품종 선택 포인트
품종이 계절과 지역에 따라 분화되어 있으므로 농업기술센터 또는 종묘상에 문의하여 기르고자 하는 지역과 시기에 따라 적절한 품종을 선택하여야 한다. 계절별로 선택할 수 있다.

씨 뿌리기
두둑 위에 폭 5~10㎝의 뿌림 골을 만들어 준다.
여기에 3.3m2(평)당 15~20㎖의 씨앗을 흩뿌리고 1㎝ 정도 두께로 흙을 덮어준다.
물을 충분히 주고 나서, 신문지 같은 것으로 5일 정도 덮어 주는 것이 싹을 틔우는 데에 도움이 된다.
이때 신문지가 날아가지 않도록 돌 같은 것으로 눌러주는 것이 좋다.

이랑을 만들어 보자
퇴비와 용과린 전량, 염화칼륨과 요소 반량을 고루 뿌린 후 밭을 갈아준다.
깊이 갈지 않으면 뿌리 자람이 나쁘고, 퇴비가 잘 부숙되어 있지 않으면 뿌리가 가랑이진다.
이랑은 너비 90㎝ 정도에 두둑 폭 65㎝, 고랑 폭 25㎝, 고랑 깊이 15㎝으로 한다.

평상시의 관리요령

어려서의 관리 요점 및 묘 솎는 요령
발아와 어릴 적의 자람이 느리기 때문에 초기에 잡초 제거를 철저히 해야 한다.
농업기술센터 또는 농약상에 문의하여 당근 재배용으로 허가된 발아전 처리용 제초제를 구입하여 파종 직후에 사용하면 품이 덜 든다.
병과 해충의 피해가 없고, 떡잎이 정상인 묘를 남긴다.

비료(g/3.3m², 평)
요소 151g, 용과린 247g, 염화칼륨 110g, 퇴비 4,000g(잘 부숙된 것으로)을 준다.

수확을 해보자
파종 후 수확까지의 기간 : 조생종 70일, 중생종 90일, 만생종 110일 정도. 바깥 잎이 늘어져 땅에 닿을 정도가 되면 수확 적기라고 판단한다.
2cm 정도만 남기고 잎을 제거한 뿌리를 물이 잘 빠지는 곳에 구덩이를 파서 묻고, 거적을 덮은 후 복토하여 저장한다.

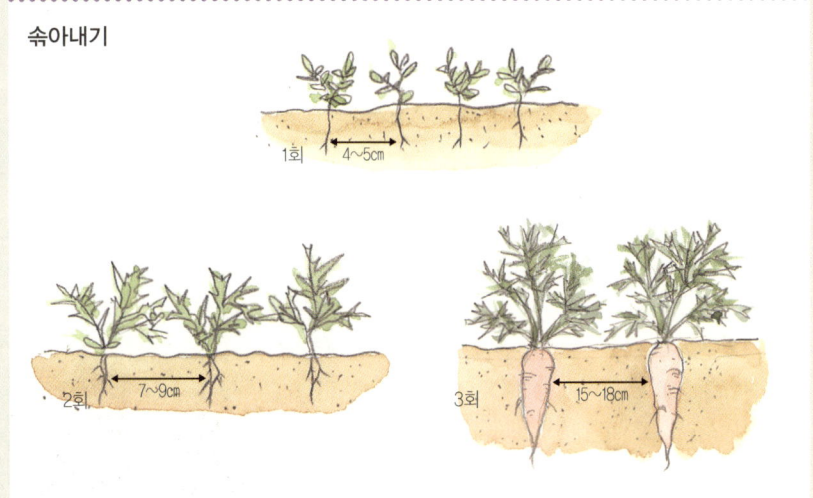

솎아내기

이랑 만들기

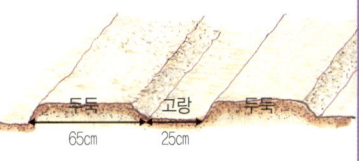

두둑 65cm   고랑 25cm   두둑

수확 및 저장

바깥 잎이 늘어져 땅에 닿을 정도가 되면 수확 적기라고 판단한다.

2cm 정도만 남기고 잎을 제거한다.

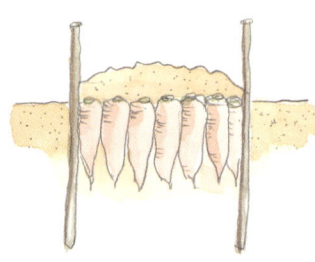

물이 잘 빠지는 곳에 구덩이를 파서 묻고 거적을 덮은 후 복토하여 저장한다.

무
Radish

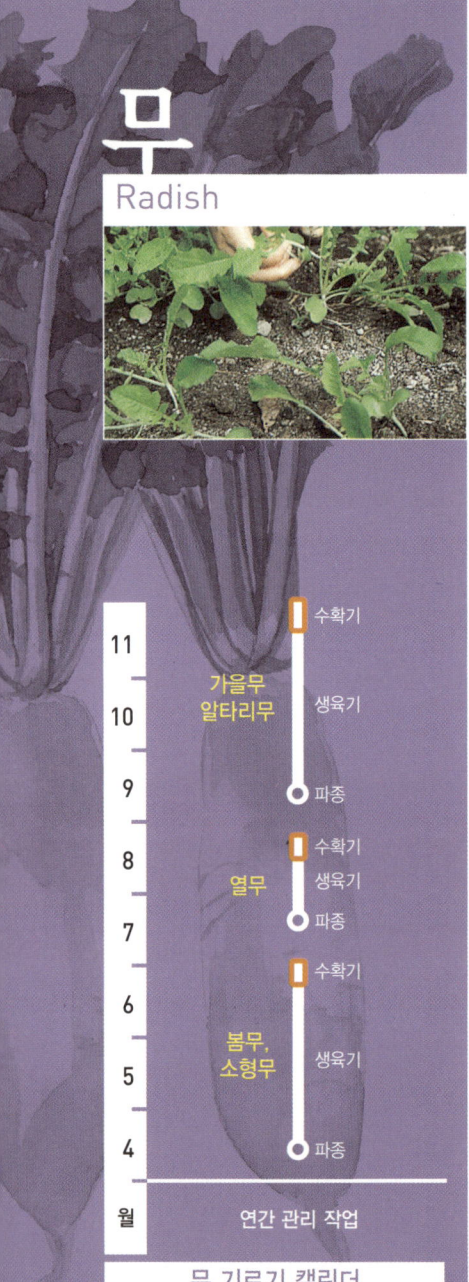

무 기르기 캘린더

서늘한 기후를 좋아한다

서늘한 기후에 적응한 작물로 내서성과 내한성은 그리 강하지 못하다. 생육에 적당한 온도는 20℃ 전후이며, 0℃에서도 잎의 피해는 적지만 비대한 근부는 동해를 받기 쉽다. 또한 24℃ 이상에서는 제대로 생육하지 못한다. 12℃ 이하에서 꽃눈이 생기고 고온을 만나면 장다리가 자라 올라온다.

토양은 토심이 깊고, 보수력이 있고 배수가 잘 되는 사질양토가 좋다.

작업 준비하기

알아두어야 할 품종 선택 포인트

기르고자 하는 시기와 식용하는 용도에 따라 크기별, 계절별로 선택할 수 있다.

- 봄   무 : 백광무, 춘하무, 만백무, 천하대형봄무, 백옥무
- 가 을 무 : 청운무, 단청무, 토광무, 팔광무, 서호무, 의암무
- 소 형 무 : 동자무, 소옥무, 초롱무, 새롬무, 수지무, 초동2호무
- 알타리무 : 신진봄알타리무, 풍악알타리무, 보석알타리무, 한성알타리무, 예쁜알타리무, 미진알타리
- 열   무 : 청다복열무, 곱단이열무, 새색시열무, 귀한열무, 진한열무, 청송열무

씨 뿌리기

무, 소형무, 알타리무 : 점뿌림, 한 구에 씨를 6~7립, 흙은 2~3cm 두께로 덮어준다.

열무 : 줄뿌림, 종자량 13~17㎖/3.3m²(평)

이랑을 만들어 보자

- 이랑 짓기 전에 흙을 깊이 파서 곱게 부순다.
- 두둑을 30cm 정도로 높게 만들어야 뿌리가 잘든다.

평상시의 관리요령

묘 솎음

병충의 피해가 없고, 떡잎이 정상인 묘를 남긴다.

- 봄, 가을무 : 본엽 1매 때 3포기, 3~4매 때 2포기, 6~7매 때 1포기 남긴다.
- 소 형 무 : 본엽 2~3매 때 2포기, 4~5매 때 1포기 남긴다.
- 알타리무 : 한 구당 본엽이 2~3매 때 2~3주씩 남긴다.
- 열   무 : 아주 밀식되어 있는 포기만 몇 주 솎아내고 그대로 재배한다. 웃거름을 줄 때 흙을 무 주위로 모아 지상으로 나온 밑둥을 덮어준다.

비료(g/3.3m^2, 평)

요소 117g, 용과린 200g, 염화칼륨 77g, 퇴비 6,700g(잘 부숙된 것으로), 고토석회 333g을 준다.

> ●● 이 점에 유의하면서 거름을 주자
>
> 무 밭에는 잘 부숙한 퇴비를 넣어야한다. 거친 퇴비는 가랑이 지게 한다. 알타리무, 열무는 생육기간이 짧기 때문에 전량 밑거름으로 넣는다. 무, 소형무는 솎아내기에 맞추어 웃거름을 준다.

수확을 해보자

- 무 : 90~100일
- 소형무 : 50~60일

수확이 늦어지면 바람들이 현상이 나오기 쉽다.

이랑 만들기

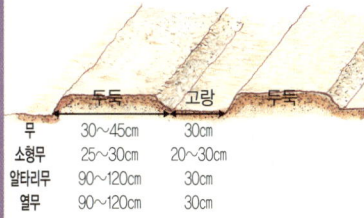

	두둑	고랑
무	30~45cm	30cm
소형무	25~30cm	20~30cm
알타리무	90~120cm	30cm
열무	90~120cm	30cm

가꾸기 포인트

흙 고르기

파종은 한 구에 씨를 6~7립, 흙은 2~3cm 두께로 덮어둔다.

묘 솎는 요령
본엽이 1매 때 3포기, 3~4매 때 2포기, 4~5매 때 1포기를 남긴다.

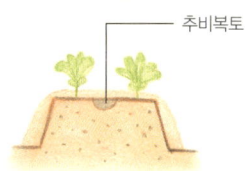

웃거름을 줄 때 흙을 무 주위로 모아 지상으로 나온 밑둥을 덮어준다.

배추
Chinese cabbage

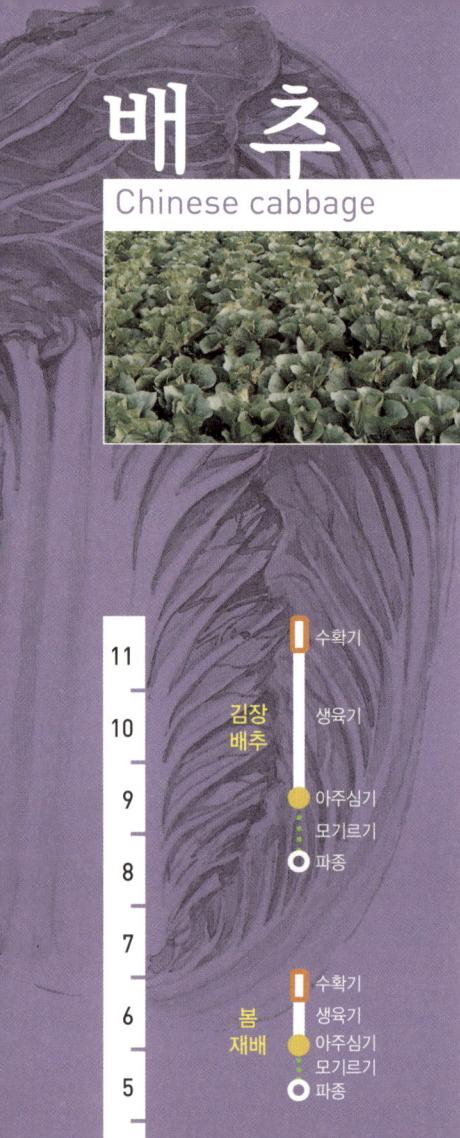

배추 기르기 캘린더

속이 찰 때는 서늘한 곳에서
생육에 적당한 온도는 20℃ 전후이며, 4℃ 이하에서는 생육에 장해를 받는다. 12℃ 이하에서 꽃눈이 생기고 고온을 만나면 장다리가 자라 올라온다. 토양은 보수력이 좋고, 배수가 잘 되는 곳이 좋다.

작업 준비하기
이런 묘를 추천한다
뿌리가 잘 발달하여 잔뿌리가 많고 밀생되어 있는 묘
노화되지 않고 병해충 피해가 없는 묘

어떻게 심어야 하나
심은 후에, 포기 밑동의 뿌리가 나온 부분에 흙을 잘 모아 주어 잎이 붙은 부분의 위쪽만 지면 위로 나와 있는 상태가 되게 한다. 얕게 심으면 바람에 흔들려 부러지는 경우가 있다.

이랑을 만들어 보자
가능한 한 배추를 심지 않았던 밭을 선택한다.

모종은 이렇게 심어보자
본엽 5~6매일 때가 가장 적기이다.
흐린 날 오후를 택해서 심는다.
심은 후 포기 주위에 물집을 만들어 물을 흠뻑 주고 잦아진 다음 고운 흙으로 덮는다. 포기 사이는 35cm 정도로 뿌리가 뒤틀리지 않도록 심는다.

평상시의 관리요령
물주기
배추는 성분의 90~95%가 수분으로 구성된 다량의 수분을 요구하는 작물이고 짧은 기간에 왕성하게 발육하므로 물을 충분히 주어야 정상적인 생육이 가능하다. 특히 결구가 시작되는 때는 가장 많은 수분을 필요로 하여, 10a당 200ℓ 이상의 물을 흡수하므로 밭이 건조하지 않게 관수에 유의한다.

비료(g/3.3m², 평)
요소 143~190g, 용과린 200~333g, 염화칼륨 110~167g, 퇴비 6,700g, 고토석회 333g, 붕사 3.3g을 준다.

이랑 만들기

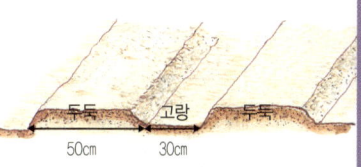

모종을 심은 후 포기 주위에 물집을 만들어 물을 흠뻑주어 잦아진 다음, 고운 흙으로 덮는다. 포기 사이는 35㎝ 정도로 뿌리가 뒤틀리지 않도록 심는다.

•• 이런 점에 유의하면서 거름을 주자
▶ 배추는 초기생육이 왕성해야 후기결구가 좋으므로 밑거름에 중점을 두어 퇴비, 닭똥 등의 유기질 비료를 충분히 시용해야 한다.
▶ 심은 후 15일 간격으로 3~4회에 나누어준다.

수확을 해보자

- 봄 재 배 : 씨를 뿌린 후 약 65일 정도면 가능하다.
- 가을재배 : 씨를 뿌린 후 약 90~100일 정도면 가능하다.

위쪽을 눌렀을 때 통이 단단하게 느껴지면 수확하기 알맞은 때다.
가을배추는 늦게 수확할 경우 서리를 맞지 않도록 겉잎을 싸서 끈으로 묶어두는 것이 좋다.
수확한 배추는 얼지 않는 곳에 모아 거적 등을 덮어두거나 한 포기씩 2~3겹의 신문지로 싸서 둔다.
깊이 50㎝ 정도 되는 구덩이를 파서 바닥에 신문지 등을 깔고 배추를 거꾸로 세워 그 위에 흙을 덮어두는 방법도 가능하다.

가을 배추를 늦게 수확할 경우 겉잎을 짚으로 묶어서 얼지 않도록 관리한다.
깊이 50㎝ 정도 되는 구덩이를 파서 바닥에 신문지 등을 깔고 배추를 거꾸로 세워 그 위에 흙을 덮어두는 방법도 가능하다.

부추

Chinese chives

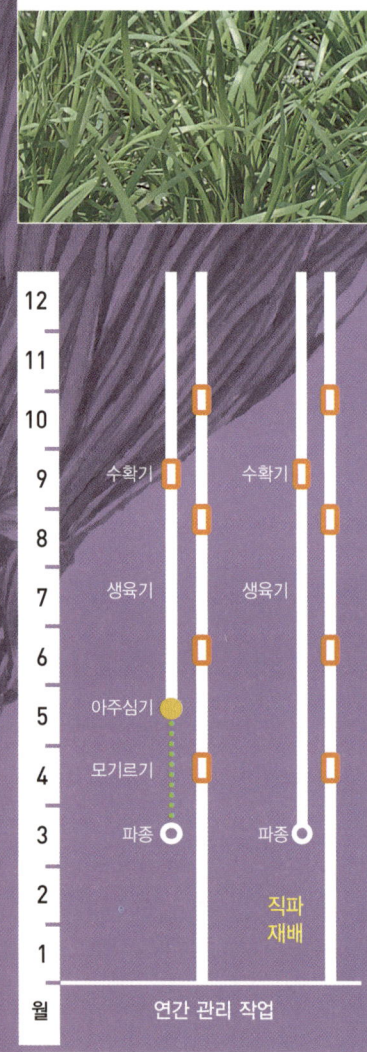

부추 기르기 캘린더

부추는 저온성 작물이다
부추는 생육적온이 18~20℃인 저온성 작물이며 5℃ 이하에서는 생육이 정지되고 25℃ 이상에서는 생육이 부진하고 섬유질이 많이 생긴다.
토양 적응성이 넓어, 토질을 가리지 않는 편으로, 건조에는 강하나 습기에 약하다.

작업 준비하기
알아두어야 할 품종 선택 포인트
부추는 일반적인 재래종 부추에서 엽폭, 잎두께, 향기 등을 개량한 다양한 품종들이 있다. 비교적 재배가 용이하며 포기가 잘 퍼지고 수량이 많은 우량종을 선택하는 것이 좋다.

파종하기
종자는 수명이 아주 짧아 1~2년이다.
종피에 쭈글쭈글한 무늬가 있으며 단단하고 두꺼워 발아가 늦다. 번식은 분주와 실생 모두 용이하다.
건조방지를 위해 짚을 1cm 두께로 깔아주고 3.3m2(평)당 5ℓ 정도 관수 후 비닐로 피복하고 발아 후 볏짚과 비닐은 제거한다.
부추는 뿌리가 매년 위로 올라온다. 뿌리가 지면에 드러나는 것을 방지하기 위해 복토를 하는데 2~3cm가 알맞다.

이랑을 만들어 보자
물 빠짐이 좋은 땅은 5줄 재배하고 물 빠짐이 안 좋은 땅은 4골 재배한다.
포기 사이 20~30cm 간격으로 직파하고, 다소 배게 파종한 후 복토는 고운 모래로 3~5mm로 균일하게 한다.

평상시의 관리요령

관리기본
봄이 되면 잡초를 제거하여 지온을 높이고 표토를 부드럽게 하여 새싹이 올라오도록 해야 한다.

8월이 되면 꽃이 핀다. 부추는 전포기 일제히 꽃이 피는 것이 아니라 1회 따준 뒤 늦게 나온 포기도 많이 있으므로 7~10일 간격으로 꽃대를 따준다.

물주기
날씨가 추워지는 11월 상순경부터 지상부의 잎은 말라 시들고 휴면기에 들어 간다. 이 때 토양이 얼기 전 충분히 관수하여 근경이 안전하게 월동하여 이듬해 싹이 일찍 트도록 한다.

비료(g/3.3㎡, 평)
요소 174g, 용성인비 400g, 염화칼륨 111g, 퇴비 1만3,000g, 석회 330g을 준다.
수확후에는 물 1ℓ에 요소비료 3g의 비율로 만든 물비료를 뿌려준다.

> ●● 이런 점에 유의하면서 거름을 주자
> ▶ 부추는 생육 기간이 길며 다비성 작물이므로 생육중 비료가 부족하지 않게 관리한다.
> ▶ 추비는 저온기를 제외하고 언제든지 시용해도 되나 1년에 두 번, 생육이 왕성한 봄과 가을에 시비한다. 추비는 이랑에 주고 반드시 중경을 실시, 비료의 노출을 방지하는 것이 중요하다.

수확을 해보자
부추의 잎끝이 둥글게 자라고 전체 잎길이의 80% 정도가 23~25㎝ 되면 수확한다.
수확 횟수는 봄에는 2~3회, 가을엔 1~2회 수확하는 것이 가장 좋다.
부추는 첫 수확 시 3~4㎝, 그후에는 첫 수확 절단부위에서 1~1.5㎝ 이상 남기고 수확한다. 그래야 재생력이 왕성하여 다음 수확 시기가 앞당겨진다.

이랑 만들기
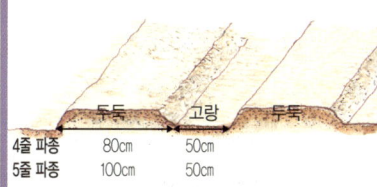
두둑 / 고랑 / 두둑
4줄 파종 80cm 50cm
5줄 파종 100cm 50cm

좋은 모 포기
초장 20㎝ 내외의 것을 뿌리가 잘리지 않게 캐낸다.

첫 수확은 3~4㎝, 두 번째부터는 1~1.5㎝ 이상 남기고 수확한다.

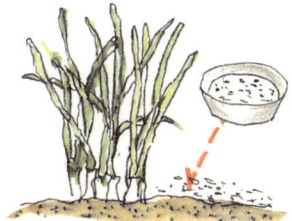
부추는 생육 기간이 길며 다비성 작물이므로 생육중 비료가 부족하지 않게 관리한다.

상추

Lettuce

상추 기르기 캘린더

상추는 서늘한 기후에서 잘 자란다

상추는 비교적 서늘한 기후에서 생장이 잘되는 호냉성 채소로 내서성은 약하다. 생육적온은 월 평균기온이 15~20℃이며 결구에는 10~16℃가 적합하다. 상추 씨앗은 고온에서는 발아하지 않으므로 저온에서 싹을 틔운다.

경토가 깊고 유기질이 풍부하며 물기를 적당히 머금은 사질양토 내지 점질 양토에서 재배하는 것이 좋다.

작업 준비하기

품종 선택할 때 알아두어야 할 품종 선택 포인트

상추 품종은 매우 다양하게 개발되어 있다. 봄재배용, 여름철 꽃대가 늦게 올라오는 만추대 품종, 가을에 재배하는 상추품종 등 다양하게 개발되어 품종선택이 매우 쉽다. 상추는 모종을 사서 심거나 종자를 뿌려 재배한다.

- 봄재배용 : 선풍포찹적축면상추, 연산홍적치마, 삼선적축면
- 여름재배 : 강한청치마, 청하청치마, 한밭청치마
- 가을재배 : 연산홍적치마, 토종맛적축면

이랑을 만들어 보자

물 빠짐이 좋은 땅은 두둑을 따라서 열을 지어 심고, 물 빠짐이 안 좋은 땅은 고랑 쪽으로 열을 지어 배수가 잘되게 심어 재배한다.

평상시의 관리요령

관리기본

땅 온도가 20℃ 이상 되어야 발아가 잘되며, 씨앗은 파종 전에 3~4시간 물에 담가 놓아 바닥에 가라앉은 씨앗을 골라 골을 지어 뿌린다. 이때 골 간격은 20㎝ 정도로 한다.

흙 덮어주기
씨앗을 뿌린 다음 흙은 0.5cm 이하로 얕게 덮어주고 짚 등을 덮어 수분 증발을 억제한다.

솎음
싹이 나고 본엽이 1~2매 때 5cm 간격으로 솎아준 후, 2차 솎음은 본엽이 3~4매 때 10cm 간격으로 1개씩 남기고 모두 제거한다. 이후 잡초제거 작업을 철저히 해주고 상추가 시들지 않도록 물주기에 노력한다.

비료(g/3.3m², 평)
요소 100~200g, 용과린 100g, 염화칼륨 100g, 퇴비 10,000g, 석회 500g을 준다.

•• 이런 점에 유의하면서 거름을 주자
▶ 밑거름은 심기 1주일 전에 준다.
▶ 퇴비와 인산질 비료는 모두 밑거름으로 주고, 질소와 칼륨비료는 절반을 웃거름으로 시용한다.
▶ 웃거름은 심고 나서 15~20일 간격으로 포기 사이에 흙을 파서 준다.

수확을 해보자
축면 상추는 포기수확과 잎 따기 수확이 가능하므로 여건에 맞추어 수확하되 초기 수확의 경우 속잎을 많이 확보하여 수확하도록 한다.
이 정도의 생육 기간은 파종에서 수확까지 40~50일 소요된다. 치마상추는 잎따기 수확을 하는데 본엽이 8~10매 되면 아래 잎부터 생장점 잎이 완전히 전개된 잎 1매 정도 남기고 잎 따기 수확을 한다.

이랑 만들기
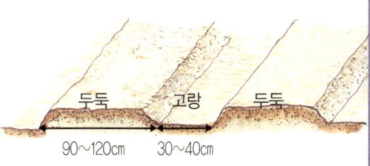
두둑 90~120cm, 고랑 30~40cm

가꾸기 포인트
싹 틔우는 방법

3~4시간 물에 담가 놓는다. / 헝겊에 거른다. / 냉장실에 2~3일 넣어 둔다. / 씨앗을 헝겊에 싸서 비닐봉지에 집어 넣는다.

재배 준비

30~40cm, 4~6줄 재배, 구멍을 파둔다. 90~120cm
잎이 흙에 닿지 않도록 심는다.
땅 온도가 20℃ 이상되어야 발아가 잘된다. / 밑거름으로 주는 거름은 심기 1주일 전에 준다.

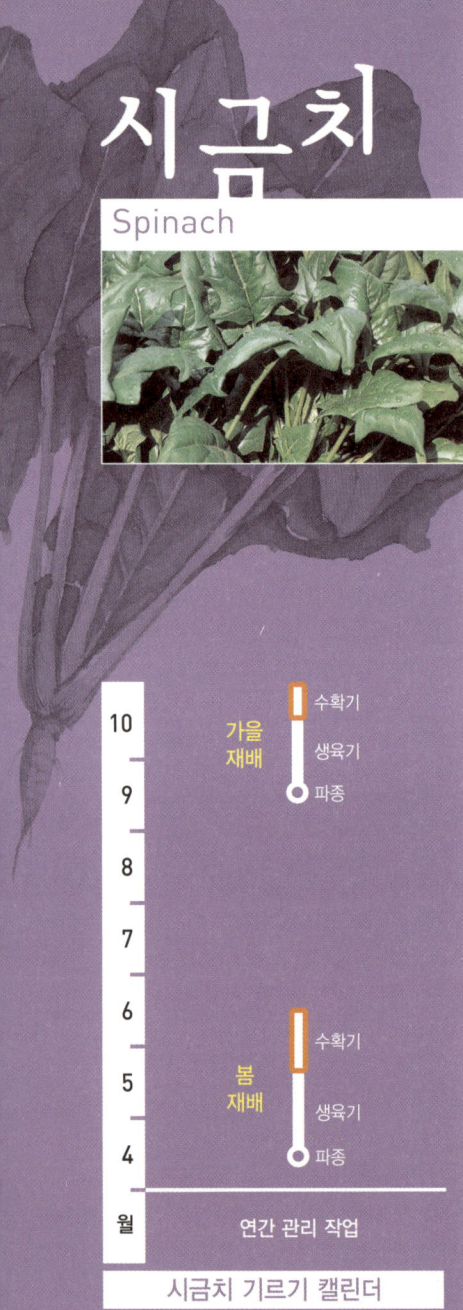

시금치
Spinach

서늘한 기후를 좋아한다

시금치는 내한성(耐寒性)이 강하고 서늘한 기후를 좋아하는 반면 더위에 약하다. 발아 및 생육적온이 15~20℃로 서늘한 기후를 더 좋아한다. 25℃를 넘게 되면 생육이 극히 불량해진다.

토양은 토심이 깊고 물 빠짐이 좋은 사질토나 양토가 좋다.

작업 준비하기

알아두어야 할 품종 선택 포인트

다양한 품종들이 시판되고 있으므로 재배형태와 재배환경, 용도에 따라 선택하여 재배한다.

- 봄재배용 : 노벨, 파이오니아, 입추가락, 킹오브덴마아크
- 여름재배용 : 애트리스, 우성, 삼복상록, 재래종, 킹오브덴마아크
- 가을재배용 : 입추가락, 우성, 풍성, 차랑환, 재래종

이런 품종을 추천한다

뿌리가 적색일 것

잎이 길고 넓을 것, 잎수가 많고 잎살(엽육)이 두터울 것

잎색이 선명한 녹색일 것

입성(立性)일 것, 추대가 늦을 것

씨 뿌리기

전 이랑에 뿌릴 때에는 갈퀴 등으로 씨 뿌린 이랑 위를 긁어서 씨가 덮이게 해준다. 시금치는 씨껍질이 두껍기 때문에 24시간 물에 담갔다가 뿌리는 것이 좋다.

이랑을 만들어 보자

물 빠짐이 좋은 땅은 5줄 재배하고 물 빠짐이 안 좋은 땅은 4줄 재배한다.

두둑에 비닐을 피복하면 지온이 높아져 생육이 빠르고 잡초제거 노력과 관수노력을 절감할 수 있는 이점이 있다.

평상시의 관리요령

관리기본
시금치는 산성토양에 특히 약한 작물로 산성토양에서는 발아가 나쁘고 잎의 가장자리나 뿌리가 피해를 입어 황갈색으로 되기 쉽다.
또한 대표적인 장일식물로 낮이 길어짐에 따라 꽃대가 빨리 생긴다.

솎음
시금치는 어릴 때 오히려 배게 재배하는 편이 발육이 좋고 생육에 따라 솎아서 이용한다.
- 1차 솎음질 : 싹튼 후 1주일경 2~3cm 간격
- 2차 솎음질 : 싹튼 후 2주일경 4~5cm 간격

물주기
1주일에 한 번 정도씩 땅속 깊이 스며들 정도로 충분히 관수한다.

비료(g/3.3m², 평)
요소 180g, 용성인비 100g, 염화칼륨 66g, 퇴비 6,700g, 석회 330g을 준다.
※ 밑거름으로 복합비료를 주어도 상관없다.

● ● 이런 점에 유의하면서 거름을 주자
- ▶ 밑거름으로 주는 거름은 심기 1주일 전에 준다.
- ▶ 유기질 퇴비와 인산질 비료는 모두 밑거름으로 주고, 질소와 칼륨 비료는 절반을 웃거름으로 사용한다.
- ▶ 짧은 기간 동안 급속히 발육하므로 밑거름에 중점을 두고 시비하되 웃거름도 작형에 따라 1~3회 정도 준다.

수확을 해보자
파종해서 수확까지의 기간은 작형에 따라 다르지만 가을파종한 경우 50~60일, 여름파종은 30~35일, 봄파종은 40일 정도면 수확한다.
수확기가 늦어지면 줄기의 마디 사이가 신장하고, 잎자루가 굳어 상품으로서 좋지 않다.

이랑 만들기
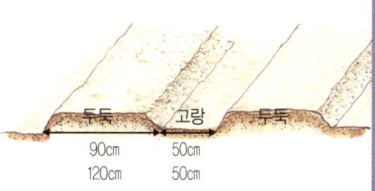

솎기 방법

옆포기와 잎이 닿을 정도가 적당하다.
너무 넓게 솎으면 잎이 흙에 닿는다.

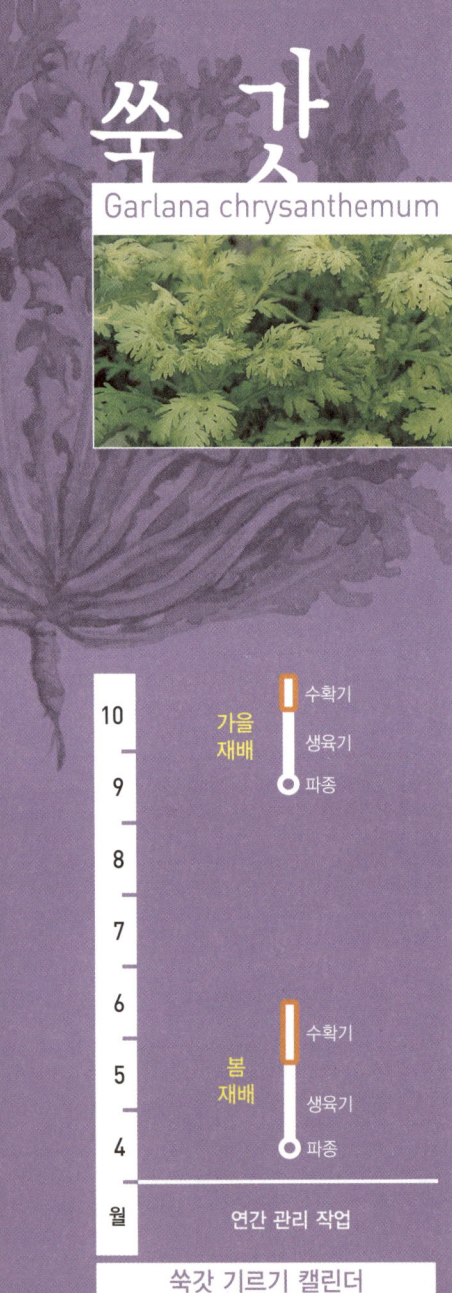

쑥갓

Garlana chrysanthemum

쑥갓은 온난한 기후를 좋아한다

생육적온은 15~20℃로 온대성기후를 좋아하지만 더위에 견디는 성질도 상당히 강하다. 추위에 견디는 힘도 비교적 강한 편이어서 10℃까지는 생육이 가능하다. 비교적 여러 종류의 토양에 적응할 수 있으나 건조에는 약한 편이므로 보수력이 좋은 땅에 심는 것이 좋다. 물빠짐에도 주의를 기울여야 한다.

작업 준비하기

알아두어야 할 품종 선택 포인트

잎의 넓은 정도에 따라 대엽종, 중엽종 및 소엽종으로 구분한다.
소엽종일수록 향기가 짙고 더위와 추위에 강하나 여름에 꽃대가 쉬이 올라오는 경향이 있다.

이랑을 만들어 보자

둑은 너비 90~120㎝, 높이 25㎝ 정도로 하고 고랑 너비는 30㎝ 정도로 하는 것이 좋다. 씨 뿌리기 1주일 전에 밭을 깊게 갈고 밑거름을 주고 난 후에 이랑을 만든다.

씨 뿌리기

땅 온도가 20℃ 이상 되어야 싹이 빨리 튼다. 이랑을 지은 후에 두둑 위에 12~15㎝ 간격으로 골을 타고 그 골을 따라 씨앗을 뿌린다. 씨앗을 뿌린 후에는 고운 흙으로 1㎝ 정도의 두께로 골을 메운 다음 볏짚 같은 것으로 덮어 수분 증발을 억제하고 싹이 올라온 다음에 치워 준다.

평상시의 관리요령

관리기본

싹이 올라와 본엽이 1~2매 되면 2~3㎝ 간격으로 솎아주고 자라는데 따라서 솎음질을 계속하여 마지막에는 포기 사이가 10~12㎝ 간격이 되게 한다. 초기부터 잡초 제거를 철저히 하여야 한다.

물주기
1주일에 한 번 정도 땅속 깊이 스며들 정도로 충분히 물은 준다.

비료(g/3.3m², 평)
요소 100~200g, 용과린 100g, 염화칼륨 100g, 퇴비 3,300g, 농용석회 500g을 준다.
요소와 염화칼륨은 절반을 밑거름으로, 나머지 절반은 3~4회 나누어 웃거름으로 준다.
기타 비료는 모두 밑거름으로 준다.
요소는 물비료로 만들어 주어도 좋다. 물비료는 물 1ℓ에 요소 3g의 비율로 타서 만든다.

수확을 해보자
식물체의 키가 20㎝ 정도 자란 때부터 먹기에 적당한 크기의 잎을 딴다.
수확은 오후에 하여 하루 저녁 시원한 곳에 두었다가 냉장고에 넣으면 오래 보관할 수 있다.

용기재배는 노지재배와는 또 다른 즐거움이 있다

이랑 만들기

추위에 약하므로 방한대책에 주의한다.

초장 20㎝ 정도가 되면 수확한다

소엽종   중엽종   대엽종

엔다이브

Endive

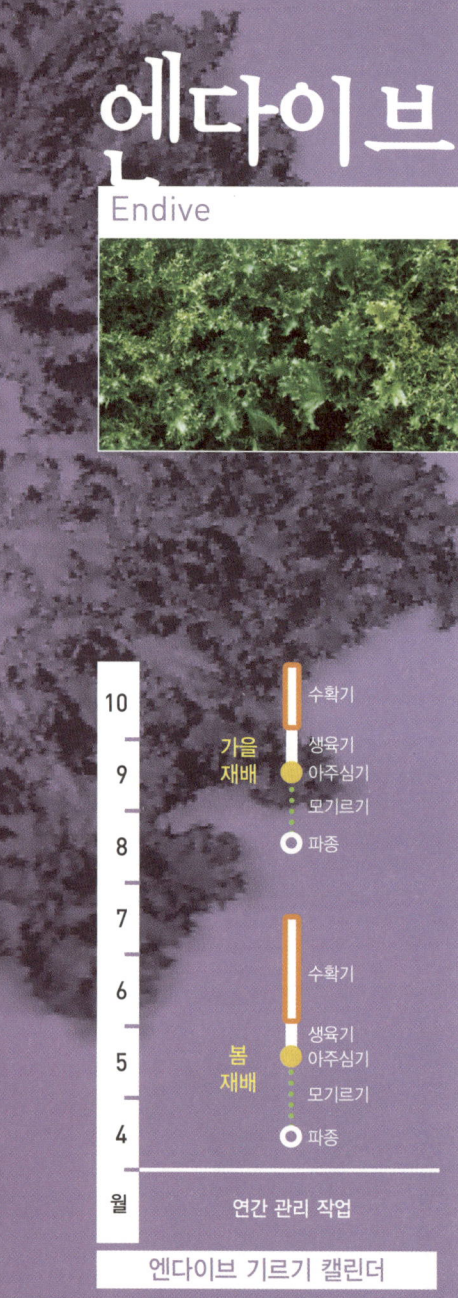

엔다이브 기르기 캘린더

엔다이브는 서늘한 때에 잘 자란다

엔다이브는 서늘한 기후를 좋아하지만, 여름에도 쌈용으로 기를 수 있다. 생육에 가장 알맞은 온도는 15~20℃이며, 서리가 내릴 때에는 생육이 느려져 정지된다.

품종을 알아보자

엔다이브에는 잎이 오그라기(컬드)인 것과 펴진(에스케롤) 품종이 있다.

- 오그라기 잎 품종 : 그린 컬드, 샐러드 킹
- 펴진 잎 품종 : 부비코프, 플로리다 딥 하티드, 풀 하트 바타비안

이랑을 만들고 씨를 뿌려보자

산성을 싫어하는 것 말고는 땅을 별로 가리지 않지만, 유기질이 많고 물이 잘 빠지는 모래참흙이 좋다.

두둑은 폭 90~120㎝에 높이 20㎝로, 고랑은 폭 30㎝로 한다.

두둑 위에 20㎝ 간격으로 줄뿌림하고 두께 0.5㎝로 얕게 덮고, 자라는 데에 따라서 차츰 속음질하여 마지막에는 10㎝ 마다 한 포기씩 남긴다.

파종상자를 이용하는 경우

종자를 물에 3~4시간 담갔다가 갈아 앉은 것만 골라 상토를 채운 파종상자에 줄뿌림한다. 엷게 흙을 덮고 볏짚을 덮었다가 물을 주고 싹이 나면 볏짚을 치운다. 포트에 옮겨 심어 본엽이 5매 나오면 본 밭 두둑에 20(줄 사이)x10(포기 사이)㎝ 간격으로 아주 심는다.

본밭의 관리

잡초는 자라기 전에 미리 제거한다.

물은 1주일에 2번 정도 충분히 준다.

비료(g/3.3m², 평)

요소 100~140g, 인산 100g, 염화칼륨 130~170g, 퇴비 3,000~4,500g을 준다.

- 거름 주는 방법 : 요소와 염화칼륨은 절반을 밑거름으로 나머지는 20일 간격으로 웃거름으로, 다른 비료는 모두 밑거름으로 준다.

수확을 하자

잎따기를 하거나 또는 포기 채로 수확할 수 있다.

잎은 길이가 10cm 정도 되는 것을 골라서 따되 포기에 남는 잎이 10개는 넘게 유지해야 한다.

오그라기 품종은 더 자주 따 주어야 하며 가을에는 서리 오기 전에 포기 채로 모두 수확한다.

솎아내기

잎은 길이가 10cm 정도 되는 것을 골라서 따되
포기에 남는 잎이 10개는 넘게 유지해야 한다.

이랑 만들기

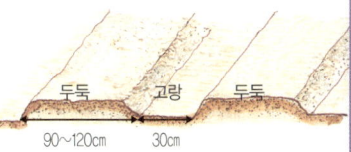

엔다이브는 서늘한 기후를 좋아하지만,
여름에도 쌈용으로 기를 수 있다.
생육에 가장 알맞은 온도는 15~20℃이며,
서리가 내릴 때에는 생육이 느려져 정지된다.

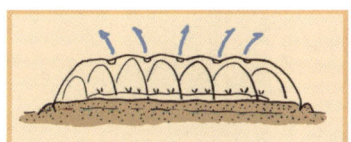

엔다이브는 산성을 싫어한다는 것 말고는 땅을
별로 가리지 않는다.

거름주는 방법

요소와 염화칼륨은 절반을 밑거름으로
나머지는 20일 간격으로 웃거름으로,
다른 비료는 모두 밑거름으로 준다.

잎들깨
Perilla

잎들깨 기르기 캘린더

특성 및 환경
들깨는 가을이 되면 꽃이 피어 잎을 생산하기 힘들다.
들깨는 20℃ 전후가 알맞은 온도이지만 여름철 더위에도 잘 견딘다. 가을로 접어들어 낮의 길이가 짧아지면 꽃이 피어 잎을 생산할 수 없게 된다. 따라서 늦가을과 겨울철에 나오는 들깻잎은 비닐하우스에서 불을 밝혀 주고 재배한 것이다.
종자는 크기가 작지만 두꺼운 껍질층이 있어서 9월부터 이듬해 3월까지는 싹이 잘 나지 않는다. 종자는 수명이 짧은데 특히 건조한 데에서 보관하면 발아력이 더욱 쉽게 떨어진다.

작업 준비하기
여름철 들깻잎 생산용 품종들: 잎들깨 1호, 만백들깨, 남천들깨, 보라들깨

이랑을 만들어 보자
들깨는 땅을 별로 가리지 않고 잘 자라나, 배수가 양호한 토양이 좋다. 씨 뿌린 바로 다음에는 물기가 충분해야 발아가 잘 된다. 두둑은 너비 45㎝, 높이 20㎝ 정도로 하고, 고랑 너비는 25㎝ 정도로 하는 것이 좋다. 씨 뿌리기 1주일 전에 밭을 깊게 갈고 밑거름을 주고 난 후에 이랑을 짓는다.

씨 뿌리기
땅 온도가 20℃ 이상 되어야 싹이 빨리 튼다. 두둑 위에 20~25㎝을 띄운 포기자리마다 5~10알의 씨앗을 뿌린다. 씨앗을 뿌린 후에는 고운 흙으로 1㎝ 정도의 두께로 골을 메운 다음 볏짚 같은 것으로 덮어 수분 증발을 억제하고 싹이 올라온 다음에 치워 준다.

평상시의 작업요령
관리기본
자람이 늦은 포기를 솎아내어 마지막에는 포기자리마다 2~3주를 남긴다. 초기부터 잡초 제거를 철저히 하여야 한다.

물주기
1주일에 한 번 정도 땅속 깊이 스며들 정도로 충분히 물은 준다.

비료(g/3.3m², 평)
밑거름으로 요소 30g, 용과린 50g, 염화칼륨 11g, 퇴비 3,300g을 주고, 그 후 한 달에 한 번씩 요소 10g을 웃거름으로 준다. 물 1ℓ에 요소 3g을 타서 가끔씩 잎에 뿌려주는 것도 수확량을 올리는 방법이 된다.

수확을 해보자
가장 큰 잎이 먹을 만하게 자란 때부터 먹기에 적당한 크기의 잎을 딴다. 수확은 오후에 하여 하루저녁 시원한 곳에 펼쳐 두었다가 냉장고에 넣으면 오래 보관할 수 있다.

이랑 만들기

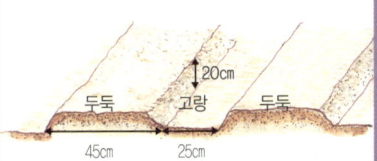

가장 큰 잎이 먹을 만하게 자란 때부터 먹기에 적당한 크기의 잎을 딴다. 수확은 오후에 하여 하루저녁 시원한 곳에 펼쳐 두었다가 냉장고에 넣으면 오래 보관할 수 있다.

케일

Kale

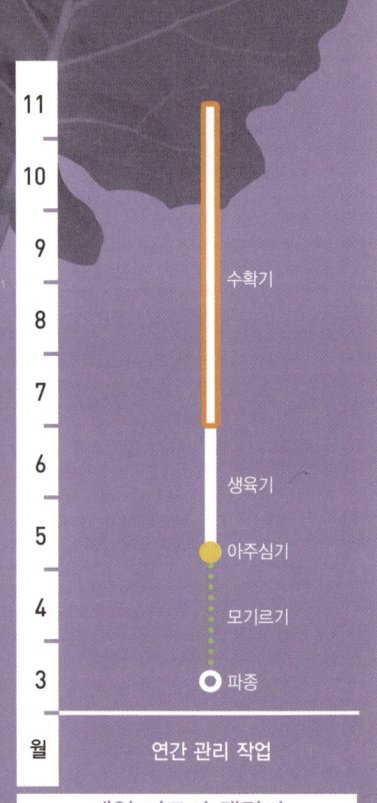

케일 기르기 캘린더

케일은 영양채소

반찬용의 잎채소라기보다는 녹즙용 영양 채소로 알려져 있다.
양배추와 유사한 생리적 특성을 가지고 있으나 통이 차지 않고 계속 자라 올라가는 줄기에서 잎을 따낼 수 있다.
생육에 적당한 온도는 15~20℃이나 적응온도의 폭이 넓은 편이다. 발아는 25~30℃가 적당하다.
토양 적응성 또한 크지만 중성의 사질양토가 가장 좋다.

작업 준비하기

이런 묘를 추천한다
뿌리가 잘 발달하여 하얀 색의 잔뿌리가 많은 묘
병해충 피해가 없는 묘

심기
심은 후에, 포기 밑동의 뿌리가 나온 부분에 흙을 잘 모아 주어 잎이 붙은 부분의 위쪽만 땅 위로 나와 있는 상태가 되게 한다. 얕게 심으면 바람에 흔들려 부러지는 경우가 있다.
110~120㎝마다 한 이랑씩 지어, 두둑 위에 포기 사이 45㎝ 정도로 심는다.

이랑을 만들어 보자
가능한 한 케일, 양배추, 배추 등을 심지 않았던 밭을 선택한다.

모종은 이렇게 심어보자
본엽 5~6매 일 때가 가장 적기이다. 흐린 날 오후를 택해서 심는다.
※ 직파 재배의 경우는 110~120㎝ 간격(두둑 80㎝ 내외, 고랑 30~40㎝ 내외)으로 지은 이랑에 45㎝ 간격으로 포기 자리마다 5립 정도의 씨앗을 넣고, 본잎이 5매 될 때까지 2회 정도 솎음질한다.

평상시의 관리요령

병충해
부족하지 않도록 관리한다.

물주기
청벌레, 진딧물, 좀나방 등 해충의 피해가 많이 발생하므로 항상 주의 깊게 관찰하여 벌레가 어릴 적에 잡아야 한다.

녹즙용으로 사용하기 위해서 살충제를 살포하지 않으려면 목이 밴 모기장으로 터널을 만들어 식물체가 그 속에서 자라도록 해 주는 것이 좋다. 이때 터널은 틈새가 없이 관리해야 해충 방제의 목적을 달성할 수 있다.

비료(g/3.3m^2, 평)
요소 150g, 용과린 200g, 염화칼륨 110g, 퇴비 6,700g, 고토석회 333g, 붕사 3.3g을 준다.

※ 생육 상태를 보아가면서 요소와 염화칼륨을 조금씩 웃거름으로 준다.

● ● **이런 점에 유의하면서 거름을 주자**
▶ 케일은 장기간에 걸쳐 계속적으로 잎을 따야 하므로 요소와 염화칼륨은 1/3만 밑거름으로 주고 나머지는 생육 상태를 보아 가면서 웃거름으로 준다.
▶ 밑거름으로는 퇴비, 닭똥 등의 유기질 비료를 충분히 시용해야 한다.

수확을 해보자
잎의 수확은 잎자루의 밑을 아래로 젖혀 따는 방식으로 한다.
수확할 때에 위의 잎을 7매 이상은 남겨 두어야 다음 잎도 제때에 딸 수 있다.

이랑 만들기

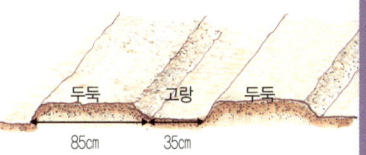
두둑 85cm 고랑 35cm 두둑

좋은 묘

뿌리가 잘 발달하여 하얀 색의 잔뿌리가 많은 묘
병해충 피해가 없는 묘

수 확

잎의 수확은 잎자루의 밑을 아래로 젖혀 따는 방식으로 한다. 수확할 때에 위의 잎을 7매 이상은 남겨 두어야 다음 잎도 제때에 딸 수 있다.

콩
Soybean

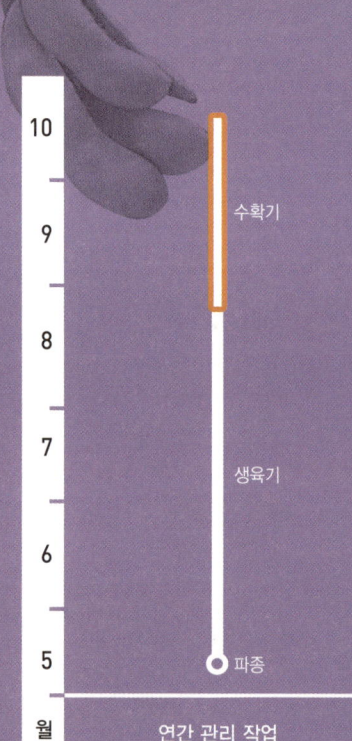

콩 기르기 캘린더

수분을 충분히 공급한다

발아는 15℃ 이상, 생육은 18~27℃, 결실은 20~25℃의 온도가 적당하다. 낮의 길이가 어느 정도 짧아져야 꽃이 피고 꼬투리가 맺는다.

특히 발아기와 개화기에 토양 수분을 충분히 공급해야 한다. 반면에 생육기에는 물 빠짐이 좋아야 한다.

토양 산도는 pH6.5 정도의 약산성이 좋다. 뿌리혹박테리아가 기생하여 공기중의 질소질 비료를 고정한다.

작업 준비하기

비료 퇴비 등을 전면에 뿌리고, 60㎝ 간격으로 이랑을 지워 준다.

두둑 위에 15㎝ 간격으로 종자를 3~5립씩 3~5㎝ 정도의 깊이로 파종한다.

알아두어야 할 품종 선택 포인트

주된 용도에 따라 다음 중에서 선택한다.

- 대풍콩, 장류 및 두부용 : 황금콩, 태광콩, 장엽콩
- 나물용 : 은하콩, 광안콩, 힐콩
- 밭밑용 : 검정콩1호, 다원콩, 검정올콩
- 풋콩용 : 화성풋콩, 석량풋콩, 화엄풋콩

평상시의 관리요령

밭 관리

제초제 사용 : 파종 복토 직후에 알라유제(200㎖/10a), 메토프유제(300㎖/10a) 또는 니루론수화제(100~150 g/10a)를 물에 타서 고르게 살포한다(물과 제초제의 비율이 잘못되면 약해가 발생하므로 설명서를 참조).

북주기

파종 후 30일경에 잡초 제거를 겸하여 골 사이 흙을 긁어 모아 북주기를 하면 성장과 발육이 촉진된다.

순지르기
본잎이 5~7매가 되었을 때 줄기의 윗부분을 따주어, 가지가 많이 뻗게 하고 비바람에 쓰러지는 것을 방지한다.

비료(g/3.3m², 평)
요소 22g, 용과린 50g, 염화칼륨 187g, 퇴비 4,000g, 농용석회 660g을 준다.
전량을 밑거름으로 주되, 새로 개간한 땅에서는 금비를 두 배로 늘려준다.

수확을 해보자
꽃필 때부터 약 60일 이상 경과하여 꼬투리의 80~90%가 누렇게 변하면 수확에 적합한 시기이다.
풋콩으로 이용하고자 할 때는 꼬투리가 빵빵하면서 아직 푸른색을 띠고 있을 때에 수확한다.
풋콩은 새벽에 수확하는 것이 품질 유지에 좋다.

건조, 조제 및 보관
작은 단으로 묶어 비를 피할 수 있는 곳에 세워 말린다.
건조되면 탈곡하여 이물질과 벌레 먹은 낱알 등을 제거한다.
풋콩은 비닐 포대에 넣고 밀봉하여 냉장고에 보관한다.

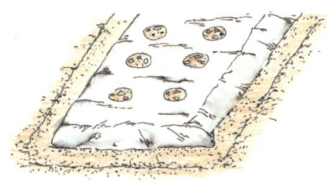

비닐피복재배

종자 3알씩 포기 자리에 파종한다

북주기

파종 후 30일경에 잡초 제거를 겸하여 골 사이 흙을 긁어 모아 북주기를 하면 성장과 발육이 촉진된다.

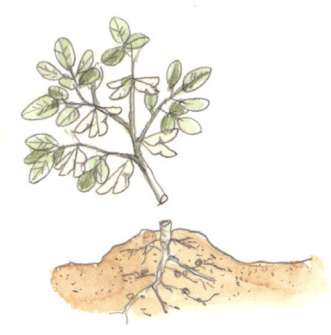

수확

꽃필 때부터 약 60일 이상 경과하여 꼬투리의 80~90%가 누렇게 변하면 수확에 적합한 시기이다.

토마토
Tomato

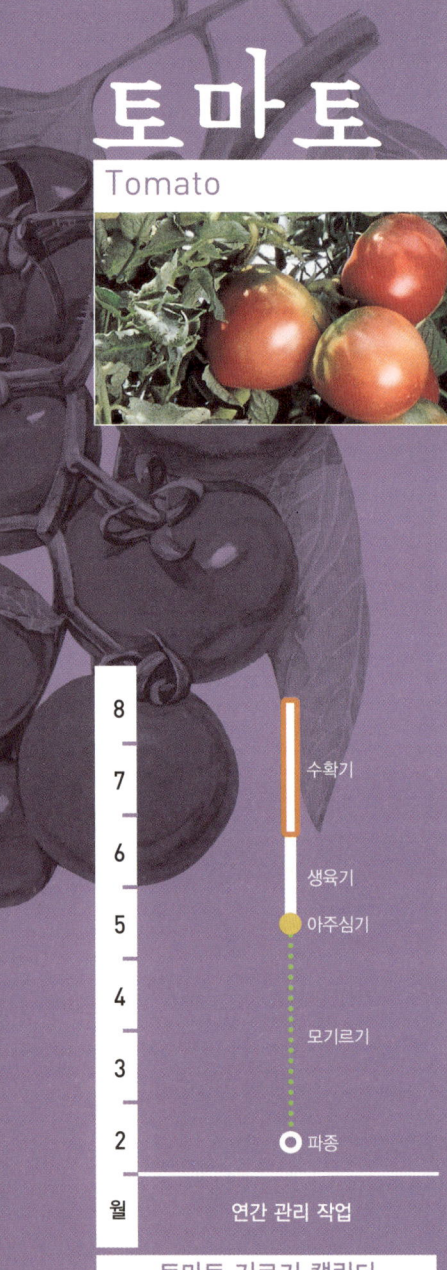

토마토 기르기 캘린더
- 8~7: 수확기
- 6~5: 생육기
- 5: 아주심기
- 4~3: 모기르기
- 2: 파종

연간 관리 작업

토마토는 고온을 싫어한다
생육에 가장 적당한 온도는 낮이 25~27℃, 밤에는 17℃ 정도이며, 10℃ 이하에서는 생육이 떨어지고 5℃ 이하에서는 생육이 정지된다.
물 빠짐이 좋고 비옥한 토지가 생육에 좋다.

작업 준비하기
이런 묘를 추천한다
- 묘의 전체 모습이 장방형일 것
- 병해나 충해를 입지 않은 것
- 손바닥에 놓아도 묘가 흔들거리지 않는 것
- 잎이 두껍고 흐늘거리지 않는 것
- 엽색은 진한 녹색으로 보랏빛이 없을 것
- 제1화방에 충실한 꽃과 꽃봉오리가 여러 개 있는 것

이랑을 만들어 보자
이랑을 만들기 전에 퇴비와 밑거름 비료를 넣는다. 이랑 만들기는 재배 형태에 따라서 두둑과 고랑 폭을 조정하여 만든다. 두둑에 비닐을 피복하면 지온이 높아져서 활착이 빠르고 잡초제거 노력과 관수노력을 절감할 수 있는 이점이 있다.

모종은 이렇게 심어보자
텃밭에서 토마토를 키울 경우 보통 2월 하순에 씨를 뿌려 서리가 내리지 않는 5월 상순에 심고 8월 상순까지 재배한다.
잎이 8~9매가 나왔고 1화방이 개화직전인 묘를 심는 것이 좋다.
비닐로 두둑을 씌운 다음 25~30㎝ 간격으로 십자형태로 구멍을 내고 모종삽으로 파낸 후, 심고 나서 충분히 관수한다.

평상시의 관리요령
관리기본
잎과 줄기 사이에서 곁가지가 발생하는데 되도록 빨리 제거하여 주지만 키운다.

지주세우기는 심은 후 1~2일 후에 대나무 등을 토마토 옆에 세운 뒤에 줄기를 끈으로 8자 모양으로 여유 있게 묶어준다.

여름철에는 온도가 높아 웃자라거나 꽃떨어짐, 열매떨어짐, 배꼽썩음과 등의 발생이 심해진다.

물주기

보통 토마토는 하루 1~2ℓ의 물을 흡수하므로 건조할 경우 하루 3.3㎡당 5~6ℓ의 물이 필요하다.

비료(g/3.3㎡, 평)

요소 140~200g, 용성인비 160~250g, 염화칼륨 140~170g, 퇴비 2,000g, 석회 800g을 준다. 밑거름으로 복합비료를 주어도 상관없다. 땅이 기름질 경우 열매는 달리지 않고 잎만 무성해지며 잎이 꼬이는 증상이 발생하므로 밑거름을 적게 주고 나머지는 웃거름으로 토마토의 생육 상태를 보며 주는 것이 좋다.

맛있는 과일을 만들어 보자

한 송이에 꽃을 4개 정도 남기고 작은 것들은 따 버린다. 맨 위를 잘라 줄기 자르기를 하면 과일이 빨리 익는다. 보통 4화방 정도에서 줄기를 잘라주는데 토마토가 건강하면 6~7화방에서도 잘라줄 수 있다.

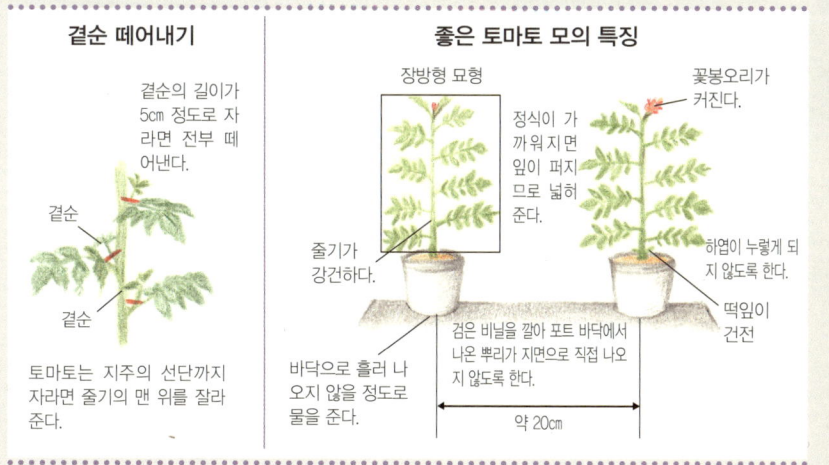

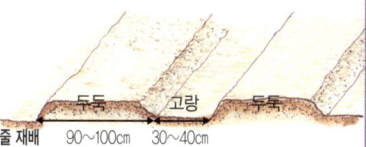

이랑 만들기

모종심는 방법

가지주 세우기

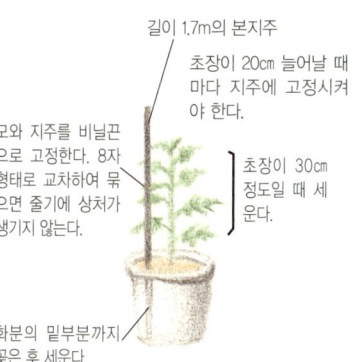

본지주 세우기

텃밭 가꾸기 _ 37

파

Welsh onion

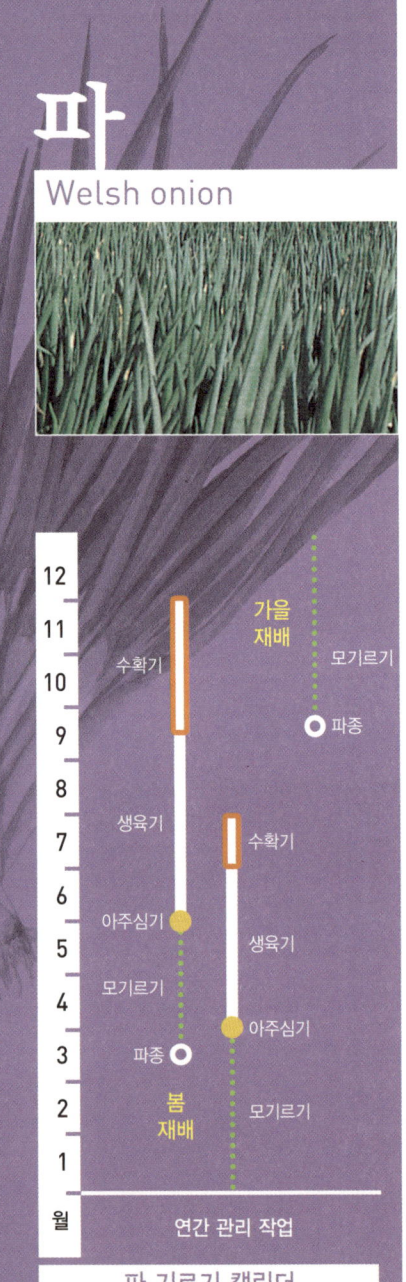

파 기르기 캘린더

기후 적응성이 크다

파는 다년생으로 생육적온은 20℃ 전후이나 품종에 따라 내한성이 매우 강하여 시베리아에서도 월동한다. 또한 내서성이 강한 품종은 열대에서도 생육한다.
이와 같이 파는 기후 적응성이 매우 크다.
여름철 고온과 장일에 비대하고, 인경을 형성하여 휴면에 들어간다.
건조에 비교적 강하지만 과습에 약하여 해를 입기 쉽다.
표토가 깊고 물 빠짐이 좋은 토양이 좋다.

작업준비하기

파종하기

이랑 너비 90~120㎝의 파종상을 만들고 15㎝ 간격으로 줄뿌림하는 것이 제초작업 등 육묘상 관리에 유리하다.
본엽이 2~3매일 때 솎음질을 하여 묘 간격이 1~2㎝가 되도록 하며 튼튼한 우량묘를 길러야 한다.

정식하기

구의 깊이는 파의 연백부의 길이와 관계가 있는 것으로 30~35㎝면 충분하다. 구의 방향은 여름 오후의 강한 광선을 피하고 태풍시 강풍에 의한 도복을 방지하는 것을 고려하여 남북 방향으로 골을 만들고 골의 서쪽에 심는다.

※ 묘종의 크기를 대중소로 구분하여 정식한다.
  주간 거리는 분얼이 없는 외대파는 3~4㎝, 분얼이 많은 쌍룡파·구조파 등은 5~6㎝가 적당하며 복토는 얕게 해야 활착이 빠르다.

이랑을 만들어 보자

파의 뿌리는 연약하여 비료에 직접 닿게 되면 말라죽게 되므로 골고루 잘 섞이도록 경운해 준다.

평상시의 관리요령

북주기
북주기 작업은 파의 쓰러짐을 방지하고 연백부를 길게 하여 품질을 좋게 하는 작업이다. 일반적으로 3~4회가 적당하며 첫 번째는 정식 후 30~40일경에 하고, 수확 전 30~40일경에 마지막 북주기를 한다. 북주기 깊이는 1~2회는 잎집부의 2/3가 덮일 정도로 가볍게 실시하고 3~4회는 잎이 갈라지는 부분까지 깊게 한다.

물주기
25℃ 이상의 고온에서 다습하게 되면 외엽에서 내엽으로 잎이 말라 들어가고 뿌리가 흑갈색으로 변해 고사하여 곧 전체가 고사하게 된다. 그러므로 과습하지 않도록 관리한다.

비료(g/3.3m², 평)
요소 181g, 용성인비 417g, 염화칼륨 166g, 퇴비 5,000g을 준다.

수확을 해보자
생육 정도, 연백상태 등을 보아 수확한다.
수확할 때 괭이로 북주기 한 흙을 제거하고 한 포기씩 뽑아 잘 털고 마른 잎을 제거한 다음 단을 묶는다.

저장
2kg 정도의 작은 다발로 만들어 밭 한쪽에 줄지어 심는다. 흙덮기는 잎집부가 묻힐 정도로 하고 잎은 짚으로 덮어 한해를 방지한다.

이랑 만들기

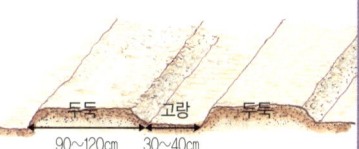

잎이 2~3매일 때 포기 사이를 1~2cm 두고 솎는다.

북주기

북주기 작업은 파의 쓰러짐을 방지하고 연백부를 길게 하여 품질을 좋게 하는 작업이다.

PART II
텃밭농장에서 많이 발생하는 병해충진단과 방제

- 흰가루병 · 탄저병
- 노균병 · 뿌리혹병
- 역병(돌림병) · 진딧물
- 배추흰나비 · 총채벌레
- 응애류(점박이) · 거세미나방
- 굴파리(아메리카잎굴파리) · 배추벼룩잎벌레나방 · 무잎벌레
- 천연농약을 이용한 병해충관리

텃밭농장에서 많이 발생하는 **병해충 진단과 방제**
흰가루병 · 탄저병

흰가루병

탄저병

|흰가루병|

작 물	고추, 가지, 당근, 딸기, 부추, 상추, 수박, 오이, 토마토, 호박 등
증 상	주로 잎에 발병하고 발병 초기에는 잎 뒷면의 한 부분이 흰 가루가 묻은 것처럼 보이는데, 병이 진전되면 잎 뒷면은 지저분하게 흰 가루가 퍼지고 병 발생이 지속되면 잎은 점차 누렇게 변하고 얼룩덜룩해지면서 아랫잎부터 말라 떨어진다
발생원인	고온상태에서 과습과 건조가 반복 시 발생이 많으며 질소비료를 과용하여 잎과 덩굴이 웃자랄 경우, 일교차가 큰 경우에 많이 발생한다.
방제대책	밀식을 피하여 햇빛이 잘 들게 하고 과습 하지 않도록 관수와 배수 관리에 유의하고 병에 걸린 잎은 따서 소각하거나 땅속 깊이 묻는다

|탄저병|

작 물	고추, 딸기, 수박, 콩, 과수류, 약용작물 등
증 상	열매가 맺히기 시작하는 6월 중 하순부터 발생해 장마기와 8~9월의 고온다습한 조건에서 급속히 증가한다. 과실에 처음에는 기름방울 같은 연녹색의 작은 반점이 생기고 점차 둥근 무늬로 확대되는데, 움푹 들어간 궤양 증상으로 나타난다.
발생원인	탄저병균은 종자로도 전염할 수 있지만, 지난해에 버려진 병든 잔재물이 가장 중요한 1차 전염원이다. 병원균의 약 99%는 비가 올 때 빗물에 의해 전파되고 맑고 건조한 날에는 거의 전파되지 않는다. 따라서 장마가 길고 비가 잦은 해에 특히 탄저병의 발생이 많고 하우스 재배에서는 거의 발생하지 않는 것이 바로 빗물에 의한 전파 양식 때문이다. 안개가 많이 끼는 등 상대습도가 높을 때 탄저병균의 증식과 침입이 활발하다.
방제대책	가장 효과적인 탄저병의 재배적 방제에는 비가림 시설로 빗물이 직접 과실에 튀는 것을 막는 방법이 있다. 한 개의 병든 과실에 탄저병균 전염원이 수천만 개 이상 형성되므로 병든 과실은 발견 즉시 제거하는 것이 약제를 살포하는 것보다 더 효과적이다 병든 과실을 그냥 두거나 이랑 사이에 버려두면 방제 효과는 50% 이상 감소하기 때문에 포장 청결이 매우 중요하다. 바람이 잘 통하고 햇볕이 잘 들며 고추 주변의 습도가 낮아져서 병의 발생을 낮출 수 있다 유기농업에서 활용 가능한 친환경 자재로는 석회보르도액, 석회유황합제, 동(銅)제, 난황유 등이 있다

텃밭농장에서 많이 발생하는 **병해충 진단과 방제**
노균병 · 뿌리혹병

노균병

뿌리혹병

|노균병|

작 물	배추, 고추, 들깨, 무, 부추, 상추, 시금치, 쑥갓, 양파, 오이, 쪽파, 참외, 파 등
증 상	잎에 발생한다. 초기에는 연한 황색의 작은 부정형 병반이 형성되고, 잎 뒷면에 하얀 곰팡이가 다량 형성된다. 발병이 심한 잎은 불에 그을린 것처럼 마르고 오래된 종이처럼 고사 한다. 처음부터 발병된 식물체는 생육이 억제된다.
발생원인	3~25℃에서 번식하고 분생포자의 발아적온은 7~13℃이다. 포자낭은 단세포로 단생하는데 계란형 혹은 레몬형으로 쉽게 이탈되어 공기 중으로 퍼진다. 포자낭은 직접 발아하여 기주를 침해하며, 유성세대인 난포자는 병든 식물체내에서 환경이 불량해지면 형성되어 월동한다. 포자낭 형성과 발아최적온도는 8~16℃이고 습도는 96% 이상 되어야 한다..
방제대책	병든 잎은 조기에 제거하여 소각처리 한다. 시설 내에서는 환기를 철저히 하고, 토양이 과습하지 않도록 관리한다.

|뿌리혹병|

작 물	배추, 갓, 양배추
증 상	생육 초기에 발병주는 푸른 상태로 시드는 증상을 나타내고, 생육 중기 이후에 발병된 주는 주로 하위엽만 시드는 증세를 보이거나 시드는 증세를 별로 나타내지 않기도 한다. 발병주의 뿌리는 이상 비대되어 작거나 큰 부정형의 혹이 여러 개 형성되고, 형성된 혹 모양은 식물체의 생육 단계 및 감염 정도에 따라 다르게 보인다.
발생원인	발병은 토양산도 및 토양수분과 밀접한 관계가 있다. 토양이 산성일 경우에는 발병하기 쉽고 중성과 알칼리성일 경우에는 발병하지 않는다. 토양수분이 적을 경우에는 발병이 현저히 억제된다. 지온과 기온이 18~25℃일 때 가장 발병이 많다.
방제대책	재배포장은 토양이 과습하지 않도록 관리하고 수확 후 혹을 제거하여 소각 처리한다. 석회를 시용하여 토양의 산도를 7.2 이상으로 교정하고 이병토가 다른 포장으로 유입되지 않도록 주의한다. 유기물을 다량 투입하여 작물을 튼튼하게 하고 발병하였던 밭에서는 예방적으로 적용약제를 이용하여 방제한다.

텃밭농장에서 많이 발생하는 **병해충 진단과 방제**
역병(돌림병) · 진딧물

역병(돌림병)

진딧물

|역병(돌림병)|

작 물	고추, 감자, 딸기, 수박, 참깨, 참외, 호박, 가지, 토마토, 과수류 등
증 상	역병은 정식 후 6월 초순부터 발생하다가 7~8월 장마기에 발생한다. 어린 묘에 감염되면 땅가 부근의 줄기가 암갈색으로 잘록해지며 점차 말라 죽는다. 생육 중기 이후에는 땅가 부근의 줄기가 잘록해지면서 썩고 점차 줄기 위쪽으로 감염되어 포기 전체가 말라 죽는다.
발생원인	강수 일수와 강우량이 많은 해에는 어김없이 고추 역병이 크게 발생하는데 동일 포장 내에서도 물 빠짐이 나쁘거나 지대가 낮은 곳에서 역병이 먼저 발생한다.
방제대책	역병은 물이 고이면 발생하므로 물병이라고 부르기도 한다. 따라서 고추는 물 빠짐이 좋은 토양에서 재배해야 하며 배수로를 정비하고 이랑을 높여 물이 잘 빠지게 하는 것이 매우 중요하다.

|진딧물|

작 물	채소류 모든 작물
증 상	진딧물이 배설한 감로가 잎 위에 떨어지고 감로에 그을음병균이 번식하여 생육저해 진딧물은 바이러스병을 매개하여 큰 피해를 입게 한다. 진딧물은 5월부터 10월에 발생
생 태	1년에 9회 또는 20여 회 발생, 수명은 10일 정도. 봄(3~4월)에 부화하여 새끼들은 신초 또는 새잎에 기생, 5월경이 되면 유시충이 되어 여름 기주로 이동하고 10월경이 되면 유시충이 생겨 겨울기주로 이동.
방제대책	진딧물은 비가 많이 오면 밀도가 떨어진다. 이와 반대로 가뭄이 지속되면 다발생할 가능성이 높아 방제조치를 해야 한다.

텃밭농장에서 많이 발생하는 **병해충 진단과 방제**
배추흰나비 · 총채벌레(꽃노랑)

배추흰나비

총채벌레(꽃노랑)

|배추흰나비|

작물	배추외 십자화과
증상	유충이 어릴 때는 잎의 표피만 남기고 엽육을 가해하나, 다자란 유충은 잎줄기만 남기고 폭식한다. 특히 가을과 봄에 피해가 심하고, 심한 피해를 받은 배추와 양배추는 결구가 되지 않는다.
생태	배추흰나비는 가을 김장무, 배추까지 계속 세대를 되풀이하기 때문에 봄부터 가을까지 각 충태를 볼 수 있다. 봄에 피해가 심하며, 장마와 더불어 무더운 여름철이 되면 발생이 줄었다가 다시 가을철에는 발생이 늘어난다. 날씨가 덥고 비가 많이 올 때는 적게 발생하고, 날씨가 선선하고 가뭄이 지속될 때 많이 발생한다.
방제대책	수확 잔재물을 태우거나 먼 곳에 버려야 한다.

|총채벌레(꽃노랑)|

작물	고추, 가지, 감자, 국화, 딸기, 오이, 부추, 상추, 수박, 파, 참외, 토마토, 호박 등
증상	주로 꽃봉오리와 어린 잎을 가해한다. 어린 잎은 총채벌레가 가해하였을 때 기형으로 되어 쭈그러진다. 잎에는 은백색 반점이 많이 생기고 심하면 회색~담갈색 얼룩이 생긴다.
생태	암컷성충은 교미를 한 것이 교미를 하지 않은 개체보다 생식력이 우수하다. 고온 건조한 환경이 계속될 때 많이 발생한다.
방제대책	정식 전에 전작물의 잔존물, 잡초 등 발생원을 제거하고, 토양소독을 하여 번데기를 죽인다. 끈끈이를 설치하여 유인하여 죽인다. 토양에서 번데기가 되는 것을 막기 위하여 은색 필름으로 멀칭한다.

텃밭농장에서 많이 발생하는 **병해충 진단과 방제**
응애류(점박이)·거세미나방

응애류(점박이)

거세미나방

|응애류(점박이)|

작 물	모든작물
증 상	잎 뒷면에서 세포 내용물을 빨아먹으므로 잎 표면에 작은 흰 반점이 무더기로 나타나고 심하면 잎이 말라 죽는다. 작은 반점은 초기에는 연녹색으로 변색되다가 점차 황색~갈색으로 변하고 심하면서 낙엽이 진다. 밀도가 높아지면 상부로 올라와 피해를 주며, 피해 부위에 가느다란 거미줄을 친다.
생 태	잎의 표면과 뒷면 양쪽 모두를 가해하나 주로 잎 뒷면에서 주로 서식한다. 점박이응애의 피해를 받으면 잎 표면에 흰 반점이 나타나므로 이 반점의 유무를 확인하여 발생여부를 확인 할 수도 있다.
방제대책	작물의 하위 잎에서 발생이 시작하여 새잎으로 확산된다. 점박이응애 발생지점에 물을 뿌려주면 발생이 억제된다. 작물재배 후에 작물 잔재물을 깨끗이 청소하여 발생원을 없애야 한다.

|거세미나방|

작 물	모든작물
증 상	거의 모든 채소류와 밭작물을 가해하며, 알에서 부화한 어린 유충은 군집생활을 하고 2~3령이 되면 분산한다. 발생이 많으면 식물체의 줄기만 남기고 폭식하는 경우도 있다.
생 태	남부지방에서 많이 발생하며, 연 5세대를 경과하는 것으로 추정된다. 성충발생 최성기는 5월상순, 6월중하순, 7월하순, 8월하순, 9월하순으로 추정 된다.
방제대책	어린 유충발생기(3령이하)에 약제를 살포해야 효과적이며, 유충은 야간에 활동하는 습성이 있어 작물체에 붙어있는 아침이나 저녁에 약제를 살포하면 방제효과를 높일 수 있다.

텃밭농장에서 많이 발생하는 **병해충 진단과 방제**
굴파리(아메리카잎굴파리)· 배추벼룩잎벌레나방· 무잎벌레

굴파리(아메리카잎굴파리)

배추벼룩잎벌레

무잎벌레

|굴파리(아메리카잎굴파리)|

작 물	오이, 가지, 국화, 단호박, 멜론, 수박, 쑥갓, 감자, 상추, 참외, 토마토, 호박
증 상	유충이 엽육 속에서 굴을 파고 다니면서 가해하며 피해 흔적이 흰색으로 보인다. 초기피해는 불규칙하게 도로가 난 모양이나 심하면 잎 전체가 갈색으로 말라 죽는다.
생 태	성충은 300~400개를 산란하며, 알은 대부분 잎의 앞면에 산란하지만 뒷면에 산란하는 경우도 있다.
방제대책	유충의 피해가 없는 건전한 묘를 정식한다.

|배추벼룩잎벌레|

작 물	오이, 가지, 국화, 단호박, 멜론, 수박, 쑥갓, 감자, 상추, 참외, 토마토, 호박
증 상	묘에 피해가 많고, 갉아먹은 구멍은 생육하면서 커진다. 늦은 봄부터 여름까지 피해가 심하다.
생 태	벼룩잎벌레는 배추, 무, 양배추 등 십자화과 작물의 어린 유묘를 가해하여 피해를 주는 해충으로 전국적으로 발생한다. 낙엽, 풀뿌리, 흙덩이 틈에서 월동한 성충은 3월 중하순부터 출현한다. 성충은 5~6월에 증가하며, 여름철에 다소 줄어든다.
방제대책	이 해충은 크기가 작고 표피가 딱딱하여 천적이 없어 일단 발생이 되면 농약 이외의 다른 방제수단이 없다. 생육초기의 방제가 중요하다.

|무잎벌레|

작 물	무, 배추 등 겨자과 채소
증 상	유충은 땅속에서 무나 순무의 뿌리 표면을 불규칙하게 먹고, 흑부병을 유발하는 원인이기도 하다. 늦은 봄부터 여름까지 피해가 심하다. 일반적으로 가을에 파종하는 무, 배추 등 십자화과 채소에 피해가 심하며, 성충과 유충이 잎을 갉아먹어 잎에 작은 구멍이 뚫리며, 그물 구멍처럼 된다. 심한 경우에는 엽맥만 남기고 다 먹으며, 어린 식물은 전부 먹어버리는 경우도 있다.
생 태	성충은 날지 못하고 기어서 이동한다. 성충과 유충은 손으로 만지면 땅에 떨어진다. 잎에 구멍이 나고 가장자리부터 갉아먹은 피해를 잘 관찰하면 검고 거친 털이 나 있는 유충을 확인할 수 있다.
방제대책	상습적으로 발생하는 지역을 제외하고 이 해충만을 대상으로 농약을 할 필요는 없다. 피해가 심한 곳에서는 씨 뿌린 후 싹트기 전부터 방제한다.

※ 텃밭농장에서 많이 발생하는 병해충진단과 방제(44~55p)는 국립원예특작과학원 원예특작환경과에서 사진 및 원고를 제공했습니다

천연농약을 이용한 병해충 관리

농작물이 건강하게 자랄 수 있도록 해주는 것이 가장 중요하지만 병해충이 발견되었거나 발생이 예상된다면 다음과 같은 천연물을 이용한 농약으로 응급조치를 할 수 있다.

난황유(식용유+계란노른자)

- 식용유는 병을 예방하거나 진딧물이나 응애같이 작은 해충방제에 효과가 있다.
- 식용유를 계란노른자와 혼합하면 물과 잘 섞인다. 이렇게 만든 난황유를 농작물에 일주일 간격으로 뿌려주면 매우 효과적이다.
- 예방은 10~14일 간격으로 치료목적으로는 5~7일 간격으로 살포하되, 잎의 앞뒷면에 골고루 묻도록 충분한 양을 살포해야 한다.
- 난황유를 오이 등의 새 순에 과량으로 살포하면 생육이 억제될 수 있고 꿀벌이나 천적에도 피해를 줄 수 있으므로 주의가 필요하다.

난황유(식용유+계란노른자) 만드는 법

1. 물 한 컵에 계란노른자를 1개를 넣고 2~3분간 믹서기로 간다.
2. 계란노른자 물에 식용유를 첨가하여 다시 믹서기로 3~5분간 혼합한다.
3. 만들어진 난황유를 물에 희석해서 골고루 묻도록 살포한다.
   - ※ 병 발생 전(예방 0.3%난황유) : 식용유 60mL, 계란노른자 1개를 물 20L에 희석한다.
   - ※ 병 발생 후(치료 0.5%난황유) : 식용유 100mL, 계란노른자 1개를 물 20L에 희석한다.

고추, 토마토 등 과채류 칼슘결핍 예방(생리장애 예방)

- 계란껍질 말린 것 200g과 현미식초 2L를 혼합하여 2일간 보관 후 사용한다.
- 용기의 뚜껑은 열어둔다
- 50~100배 희석하여 작물에 주기적으로 잎에 살포한다.

은행잎을 이용한 해충기피제 제조 및 사용방법

- 은행잎 1kg을 적당량의 물을 부어가면서 믹서기로 섞는다.
- 거즈나 보자기에 걸러 꼭 짠다.
- 분무기에 은행잎 즙을 모두 넣고 물을 가득 채워준다.
- 석회보르도액을 두컵반 분무기에 부어 은행잎 즙과 잘 섞어준다.
- 고추밭에 고추를 정식하여 활착이 되면 골고루 뿌려준다.
   진딧물, 담배나방(고추벌레), 탄저병, 역병 등 방제가 가능하다.
   단, 은행잎 즙은 많을수록 효과가 좋으며 병충해가 오기 전에 자주 뿌려주면 완벽한 효과를 기대할 수 있다.

베이킹소다

- 베이킹소다는 흰가루병 노균병 잿빛곰팡이병 등 곰팡이병 방제에 효과적이다.
- 베이킹소다 5g정도를 물 1L에 타서 매주 뿌려준다.
- 베이킹소다 단독사용보다는 난황유 등과 혼합사용시 효과가 증대한다.
- 너무 자주 사용하거나 농도가 높으면 약해가 발생할 수 있으며 토양 pH가 변할 수 있으므로 주의한다.

미생물 농약

- 해충피해가 심할 때는 인체에는 무해한 미생물 농약을 사용하면 된다. 미생물농약은 일반 화학농약이 아니므로 유기농에서 사용할 수 있게 허용되어 있다.
- 그 중에서도 BT제라고 하는 미생물농약은 나방류 해충(배추좀나방 애벌레 등)을 없애는 데 매우 효과적이다. 농약상이나 인터넷을 통해서도 구입할 수 있다.
- BT제 미생물농약은 나비목이나 딱정벌레목의 장에 들어가서 출혈을 일으켜 해충을 죽게 만든다. 무당벌레에는 안전하다.
- 배추나 열무를 재배할 때 잎에 구멍이 숭숭 뚫리는 것은 배추좀나방이나 배추흰나비 애벌레 때문인데 이 때 BT제를 뿌려주면 아주 효과적이다.
- 같은 종류 BT제만 계속해서 살포하면 내성이 생길 수 있으므로 난황유 등과 번갈아 뿌리거나 다른 회사 제품을 번갈아 친다.

기타 천연재료의 사용

- 고추씨, 마늘, 담배 등에 들어있는 살충작용이 있는 성분을 추출해서 이용하는 방법도 있다. 이들 재료를 물이나 소주에 담궈 놓아 추출한 다음 물에 희석해서 살포한다. 물 한 컵에 담배꽁초 두세 개를 넣어 두 시간 정도 우려낸 물을 분무기에 넣어 뿌려주면 된다.
- 우유나 요구르트, 막걸리 등도 희석해서 살포하면 진딧물이나 흰가루병 방제에 도움이 된다.
- 목초액은 우리나라의 유기재배 농가에서 많이 사용하고 있지만 효과는 그리 좋은 편은 아니다. 목초액은 산성이기 때문에 생육이 억제된다.

손으로 잡는 방법

- 해충은 보는 대로 손으로 잡는 것이 제일 좋다. 손으로 잡는 것보다 끝이 뾰족한 나무젓가락을 사용하면 좀 더 쉽게 잡을 수 있다.
- 차량용 진공청소기를 이용해 보는 것도 좋은데 외국에서는 농업용으로 시판하는 해충방제용 진공흡입기도 판매된다고 한다.

민달팽이 피해

- 상추 등 잎을 먹는 채소를 재배하다보면 민달팽이가 가끔 나온다. 민달팽이는 생김새도 징그럽지만 새싹을 잘라먹거나 어린잎을 먹어 구멍을 낸다.
- 민달팽이는 막걸리나 맥주로 유인하면 잘 잡히는데, 맥주를 작은 용기에 50mL(소주잔 1잔정도)를 담고 담배 1개비 가루를 섞어서 저녁 무렵 밭에 놓으면 밤새 민달팽이가 빠져 죽는다.

RDA 농촌진흥청 국립원예특작과학원 www.nihhs.go.kr
'가족이 함께하는 유기농 텃밭 가꾸기'에서 발췌했습니다.

PART III
재미로 읽는 약초이야기

- 감국
- 감초
- 겨우살이
- 결명자
- 구기자
- 구절초
- 당귀
- 도라지
- 둥굴레
- 마
- 민들레
- 삼지구엽초

『재미로 읽는 약초이야기』는 농협약용작물협의회에서 발간한 『국산 약용작물 50선』에서 발췌해서 게재했음을 밝힙니다.

재미로 읽는 약초이야기

감국

옛날 중국에 항경이라는 사람이 살고 있었다. 그런데 하루는 이 항경의 집으로 장방이라는 현자가 찾아와 엉뚱한 말을 하는 것이었다.
"자네 집안에 곧 재앙이 닥칠 걸세. 틀림없이 금년 9월 9일에 큰 재앙이 자네 집에 찾아 올 거야. 그러니 대비해야 할게야."
이 말을 듣고 어떻게 해야 할지 묻자,
"가족을 데리고 곧 이 집을 떠나야 해. 그리고 온 식구들에게 산수유를 따서 각자의 주머니 속에 넣게 한 다음 그것을 매고 높은 산에 올라가도록 하게. 그리고 높은 산에 올라간 다음에는 국화술을 마시도록 하게. 가족들 모두가 말이야. 그렇게만 하면 재앙을 충분히 막을 수가 있어."
항경은 장방의 덕망과 총명함을 익히 들어 잘 알고 있었으므로 곧 그 말에 따랐다. 그래서 장방이 시킨 대로 식구들에게 산수유를 넣은 주머니를 각자 매도록 한 다음 집 근처 높은 산에 올라갔다. 그리고는 그 곳에서 잘 익은 국화술을 마시며 놀다가 9월 9일이 지난 다음에 다시 집으로 돌아왔다. 그런데 집에 돌아와 보니 집안에 남아있던 가축들이 모두 죽어 있지 않은가? 닭이며 개, 소, 돼지 등이 모두 죽어 있었던 것이다.
항경은 곧 장방을 찾아가 감사의 뜻을 전했다. 그러자 장방은 빙긋이 미소를 지으며 이렇게 대답하는 것이었다.
"나한테 감사할 것까지는 없네. 내 하늘의 뜻을 미리 파악하여 자네에게 알려 준 것 뿐이니까. 그 짐승들은 당신네 식구들 대신 죽은 거야. 그리고 국화술이 아니었다면 자네 식구들은 모두 죽었을 거야."
그 가축들은 사람의 화를 대신 입고 죽었던 것이다.
이런 일 때문에 9월 9일 중양절이 되면 높은 곳에 올라가 국화주를 마시거나 부인들이 산수유 주머니를 차는 풍습이 생겼다고 한다. 뿐만 아니라, 중국 남양의 여헌에 있던 감곡이란 강은 상류에 국화가 만발하였는데 그 꽃에서 떨어지는 이슬이 강물에 섞여 하류로 내려와 하류 사람들은 모두 그 강물로 인해 장수했다고 한다. 장수한 것으로 이름난 선인 팽조 역시 국화 연못가에 살며 국화 이슬을 받아 마셨다고 한다.

재미로 읽는 약초이야기

감초

보통 약방의 감초라고 해서 낄 데 안 낄 데 못 가리는 인사 또는 어디서든지 꼭 필요한 존재가치로 우리에게 인식되어지는 감초에 대한 이러한 옛날이야기도 있다.

옛날 인적이 드문 산골에 진맥과 치료를 잘 하는 의사가 있었다. 하루는 왕진을 나간 사이에 많은 환자들이 집으로 몰려와 그를 간절하게 기다렸다. 시간은 계속 흘러도 남편이 돌아오지 않자 의원의 아내는 혼자서 생각했다.

'내가 나서서라도 환자들에게 약을 지어줄 수 있으면 좋을 텐데.'

부인은 한숨을 쉬며 부엌으로 갔다. 부엌에는 땔감으로 해다 놓은 건초더미가 쌓여 있었다.

'이것들이 전부 약초라면······.'

이렇게 생각하며 무심코 건초 가지 하나를 집어 잘근잘근 씹어보니 맛이 달았다.

'옳다! 이걸 썰어 약봉지에 담아주자. 이 건초를 달여 먹더라도 별 해는 없을 거야. 환자는 약을 복용했다는 안정감이 심리적으로 작용하여 병이 회복될지도 몰라.'

의원의 부인은 건초를 썰어 약봉지에 담아 찾아온 환자들에게 주었다.

"이것은 의원님이 왕진 나갈 때 남겨둔 약입니다. 웬만한 병은 다 치료됩니다. 이것을 가져가서 달여 드세요."

조급하게 기다리던 환자들이 이 말을 듣자 기뻐서 어쩔 줄 몰라 고맙다는 말을 여러 번하고 약을 받아 돌아갔다.
며칠이 지나 약을 받아 간 사람들이 온갖 선물들을 가지고 와 고마움을 표시했다.
"선생님의 약을 먹고 병이 이렇게 완쾌 되었어요."
의원은 영문을 몰라 의아해졌다. 옆에 있던 아내가 귓속말로 그 동안 일어난 사실을 일러 주어서야 알았다. 의원은 아내가 도대체 무슨 약을 조제했기에 이렇게 좋은 효과를 보았는지 궁금해 아내에게 물었다.
"여보, 무슨 약을 주었어요?"
아내는 부엌으로 들어가 그때 조제했던 그 건초(乾草)를 가지고 왔다.

평소 사용하지 않던 약이라 의원도 놀랄 수밖에 없었다. 그래서 이튿날, 의원은 그 마른 풀을 복용한 사람들을 한 사람씩 불러 그들이 앓았던 병의 증세를 물었다. 비위(脾胃)가 허약한 환자, 기침과 담이 많은 환자, 인후에 통증이 있는 환자, 약물 중독으로 몸이 부었던 환자 등 이 모든 병들이 건초(乾草)를 복용한 후 완쾌된 것이다. 그 후, 의원은 각종 질병을 치료하는데 이 건초(乾草)를 약으로 쓰기 시작했으며, 건초더미의 약초가 비장과 위장을 보(補)할 뿐 아니라 혈압을 내리고, 독을 제거하며, 다른 약재와 같이 끓이면 약초의 효능을 더욱 높이는 것을 알게 되었다. 그리하여 이때부터 명명(命名)하기로 맛이 단 풀, 즉 감초(甘草)라 했으며 한방에서 여러 가지 처방에 쓰이고, 다른 약초와 섞어 쓸 때 조화시키는 효능이 있어 지금까지 몇 천 년 동안 약방의 감초로 군림해 오고 있다.

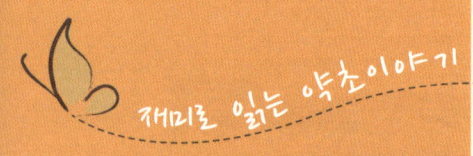

겨우살이

재미로 읽는 약초이야기

아주 먼 옛날, 한 부잣집에 하나뿐인 아들이 풍습병(風濕病 : 풍(風)과 습(濕)의 사기(邪氣)가 결합된 병사가 침입하여 관절이 아프고 당기는 듯하여, 펴고 굽히는 것이 어려우며, 만지면 그 통증이 심한 증상 등이 나타난다)을 앓아 오랫동안 병상에 누워 있었다. 그의 아버지는 귀한 아들을 하루라도 빨리 완치시키고자 여러 명의를 찾아 왕진을 청했지만 효과를 보지 못했다. 하루도 빠지지 않고 명의만을 찾아 수소문하다 남산(南山)에서 약초를 재배하는 농부를 알게 되었고, 그 농부가 재배하는 약을 복용하기로 하여 하인 한 사람을 시켜 이틀에 한 번씩 산에 올라가서 농부가 직접 처방하는 약초를 받아오도록 하였다. 그러나 시간이 흘러 이미 복용한 약만 해도 종류가 몇 십 가지가 되었지만 그의 아들의 병은 조금도 낫는 기색이 보이지 않았다.

그 해 겨울은 유난히 눈이 많이 내려 눈이 한 자나 쌓이는 통에 하인은 다리가 푹푹 빠지는 길을 간신히 다녀오곤 했다. 그러던 어느 추운 날, 면 솜이 없는 얇은 옷을 입고 길을 나선 하인은 추위 속에 20리나 되는 남산까지 가기가 싫어졌다.

"약을 안 가지고 돌아가면 주인이 난리를 치겠지?"

그는 마을 밖 길가에 서 있는 한 그루의 뽕나무를 발견하였다. 그 뽕나무에는 구멍이 나 있고, 그곳에 많은 가지가 나와 있는 것을 보았다.

"옳지! 이것이 우리 도련님 약과 아주 비슷하구나. 이것을 먹는다고 해서 나쁠 건 없겠지. 오늘은 이걸 따 가지고 가자!"

하인은 가지를 꺾어서는 근방에 사는 친구 집으로 가져가 잘게 잘라 종이에 쌌다. 그리고 친구 집에서 몸을 녹인 후 주인집으로 돌아왔다. 주인은 전과 마찬가지로 하인을 시켜 약을 달여 아들에게 먹이게 하였다. 주인이 전혀 눈치를 채지 못하자, 그 날 이후로 하인은 계속 남산의 농부에게 가지 않고 큰 뽕나무에 기생하는 나뭇가지를 따 가지고 친구 집에서 놀다가 오곤 하였다.

추운 겨울이 지나고 봄이 찾아오자 부잣집 아들의 병은 점점 좋아졌다. 남산의 농부는 그 소식을 듣고 이상하게 여겼다.

"겨울 들어서는 한 번도 약을 가져가지 않았는데, 도대체 무슨 약을 썼기에 좋아졌지?"

그러던 어느 날, 농부가 부잣집을 방문하였다. 그가 부잣집 앞에 당도하여 마침 하인과 마주쳤다.

'이거 큰일 났다! 농부와 주인이 만나면 모든 일이 탄로 날 텐데. 이제 꼼짝없이 죽었구나!'

이렇게 된 바에야 모든 일을 털어놓아야겠다고 생각한 하인은 주인과 농부에게 자초지종을 고했다. 집 주인과 농부는 그 동안의 행적에 대하여 이야기를 듣고 나서 직접 그 하인을 데리고 산으로 가서 그 나뭇가지를 확인해 보니, 그 농부도 생전 처음 보는 나뭇가지였다. 그래서 그 가지를 풍습병(風濕病)이 있는 다른 환자에게 활용해 보니 효과가 정말 탁월했다. 그래서 그 노인은 뽕나무(桑樹) 위에 기생한다는 뜻으로 그 나무를 상기생(桑寄生)이라 명하였고, 그 후 임상에서 다양하게 사용되어 많은 백성들의 고충을 덜어 주는 좋은 약재로 쓰이게 된 것이다.

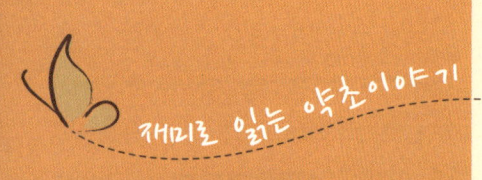

재미로 읽는 약초이야기

결명자

먹으면 눈이 밝아진다는 결명자(決明子). 북미가 원산지인 결명초의 씨를 말린 것이 결명자다. 「명(明)을 연다(決)」라는 이름에서 보듯 눈 치료에 탁월하다.

결명자는 차(茶)로 널리 보급돼 있다. 최근 건강에 좋은 약용차가 널리 보급된 가운데 결명자차는 다른 차에 비해 값이 싸며 가정에서도 즐겨 마시는 편이다.

성질이 약간 찬 결명자는 평소 눈이 자주 충혈 되고 눈동자가 바늘로 찌르는 듯 아프며 눈자위를 위에서 잡아당기는 듯하고 눈물이 마를 때 차로 마시면 효과가 크다.

특히, 간 기능 저하로 물체가 또렷하게 보이지 않거나 눈에 충혈이 생기는 사람이 결명자를 차로 달여 오래도록 마시면 간의 효소와 지질에 변화가 생겨 증상이 호전되고 눈이 밝아진다.

체내의 수분을 대변으로 배설시키는 작용도 있어 신장의 부담을 덜어주어 쇠약한 신장 기능을 보하는데 도움이 된다. 또 술을 많이 마신 다음에 결명자차를 진하게 달여 마시면 숙취를 줄일 수 있다.

몸에 열이 많아 소변색이 붉고 소변 볼 때 불쾌감을 느끼는 사람에게도 좋아 결명자차를 꾸준히 마시면 소변배설이 잘되고 장운동도 활발해져 변비도 해결된다. 그러나 변이 무르고 설사를 자주하는 사람은 많이 먹으면 안된다.

「본초서(本草書)」에는 결명자가 눈이 충혈 되고 아프며 눈물이 나는 것을 다

스린다고 적혀있다. 또 결명자를 베개에 넣어 늘 베고 자면 역시 눈이 맑아지며 잎사귀는 눈을 밝게 하며 오장을 이롭게 하니 나물이나 국을 끓여 먹으면 아주 좋다고 했다.

*뱀을 막는 결명자
결명자는 예로부터 뱀과 상극이라 하여 우리나라에서는 집 주변 밭에 많이 재배했으며, 뱀 장수들도 결명자를 들고 다녔다고 한다. 실제로 결명자가 있으면 뱀이 접근하지 못하는지는 분명치 않지만 결명자는 뱀의 독에 강하며 뱀이나 벌레에 물린 데에 큰 효능을 나타낸다고 한다.

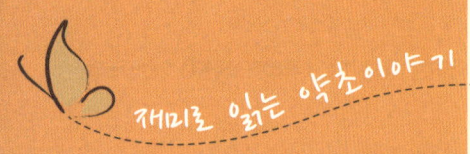

구기자

재미로 읽는 약초이야기

옛날 노국(魯國)의 높은 관리가 각지의 민정을 두루 살피고 조정으로 돌아오는 길에 교현(膠縣)의 서하(西河) 부근에 이르렀다. 그곳은 지금의 산동성(山東省) 청도(靑島)인데, 얼굴이 불그스레하여 15~16세쯤 되어 보이는 소녀가 손에 회초리를 들고 노인을 쫓아다니고 있었다. 노인의 머리카락은 희고, 이는 모두 빠졌고, 수염은 한자나 되어 90살 이상 되어 보였다. 소녀가 노인의 뒤를 쫓아 회초리로 때리려고 하니, 노인은 필사적으로 달아나며 잘못했다고 애걸하였다. 말을 타고 이곳을 지나던 관리가 이 광경을 보고 화가 나 말에서 내려 소녀에게 다가갔다.

"너는 이 노인이 무슨 잘못을 하였기에 때리려 하는가? 삼강오륜(三綱五倫)도 모른단 말이냐!"

주위에 여러 사람을 거느리고 나타난 이 사람이 조정의 높은 관리라는 것을 알고도 소녀는 눈 하나 깜짝하지 않고 당당하게 말하였다.

"이 녀석은 나의 증손자요. 내가 내 아들의 손자를 때리는데 무슨 잘못이 있소!"

관리는 이 소녀가 자기를 우롱한다고 생각하여 노발대발하며 말했다.

"이렇게 늙은 노인을 증손자라니, 네가 지금 날 우롱하는 것이냐!" 관리는 허리에 차고 있던 칼을 빼들었다. 그러나 소녀는 조금도 두려워하지 않고 대꾸했다.

"우리 집에는 좋은 약재가 있는데, 그 약재를 평생 먹다 보니 이렇게 되었습니다. 믿기지 않겠지만, 내가 그런 좋은 약을 먹지 않았다면 벌써 행동이 불편하여 백발이 창창하고, 치아도 빠지고, 눈도 멀고, 귀도 먹었을 것이오. 당신들도 내 말을 들으면 나와 같이 늙지 않을 것이오."
관리는 소녀의 말을 듣고는 태도를 바꾸며 다시 물었다.
"당신은 15~16세 정도로만 보이는데, 어찌 이 노인의 증조모가 되는가?"
"내 나이 이미 327살이오."
소녀는 크게 웃었다.
"내가 먹는 것은 어떤 영단묘약(靈丹妙藥)도 아니오. 오로지 구기자만 먹을 뿐이오. 구기자를 2백일 동안 계속 먹으면 신체는 반드시 어린 아이와 같이 젊어지고, 걸음걸이도 빨라집니다."
"구기자를 어떻게 먹습니까?"
"1월에 뿌리를 캐어 2월에 달여 먹고, 3월에는 줄기를 잘라 4월에 달여 먹고, 5월에 잎을 따서 6월에 차로 끓여 마시고, 7월에 꽃을 따 건조시켜 8월에 달여 먹으며, 9월에 수확한 과실을 10월에 먹습니다. 이처럼 구기자나무의 꽃, 줄기, 과실, 뿌리가 모두 약재로 쓰이며, 일 년 내내 복용합니다."
관리는 집으로 돌아간 후에 그 소녀가 말한 대로 구기자를 먹었다.
"과연 그 분 말대로군!"
훗날에 의씨현(猗氏縣)에 사는 한 노인이 이 전설을 듣고서 실천해 보니 백발이 검은 색으로 변하고, 치아도 튼튼해지고, 걸음걸이도 젊은 사람과 다를 바가 없었다고 한다.

재미로 읽는 약초이야기

구절초

구절초라는 식물 이름의 기원에 대해서는 딱히 이것이라고 정해진 것은 없지만 여러 가지 기원설이 있는데 그중 유력한 설을 소개한다. 첫째는 중양절과 관계가 있는데 중양절(음력 9월 9일)에는 모든 재액을 물리치고 불로장수하기 위하여 이 꽃을 꺾어 술을 담가 마셨는데 여기에서 구절(九折)이라는 말이 유래했다고 한다.

두 번째는 구절초는 음력 5월 5일 단오쯤에는 5마디가 되고 중양절인 음력 9월 9일에는 9마디가 된다고 하여 구절초(九節草)라고 했다고 했다는 설이 있다. 그렇지만 실제적으로 관찰해보면, 정확히 맞아 떨어지지는 않는다.

그 밖에도 구절초는 선모초(仙母草)라고 불리는데 그에 관한 기원에 대해서도 두 가지 설이 있다. 구절초가 부인병에 좋고 부인들의 냉증에 보온하는 탁월

한 효능이 있어 부인에 좋은 약이라는 뜻으로 선모초라고 지었다는 설과 산중에 피는 구절초의 하얀 꽃잎이 너무나 아름다워 신선보다도 눈에 띈다고 하여 선모초라고 불렀다는 설이 있다.

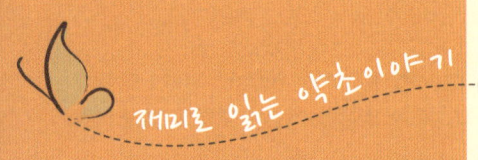

당귀

아주 옛날에 왕복(往復)이라는 정직하고 심성이 아주 착한 청년이 있었는데, 그가 어렸을 때 부친은 돌아가시고 노 모친과 서로 의지하며 살았다. 그의 집안은 조상대대로 약재를 캐며 연명해 왔고, 왕복의 대에 와서는 부근 각 산의 약재들이 점점 적어져 부득이 200리 밖의 노군산(老君山)이라는 깊은 산속으로 약초를 캐러 가야만 했다. 노군산은 맹수들이 많고 낮에도 구름이 잔뜩 끼어 있어 누구도 접근하기 힘든 첩첩산중이라 귀중한 약재들이 많이 있었다. 그래서 왕복은 그 산에 입산할 것을 결심하고 나서 모친과 상의를 해 억지로 허락을 받았지만 모친은 왕복이 결혼 후에 입산할 것을 조건으로 허락해 주었다.

왕복의 나이 20살이 되자 이웃마을 이씨의 딸과 결혼을 했다. 결혼 3개월 후에 왕복은 아내에게 "나는 약초를 캐러 노군산에 입산을 하니 만약에 삼년이 지난 후에도 돌아오지 않으면 죽은 줄 알고 개가를 하시오"라고 말을 남긴 뒤 입산을 했다.

입산 후에 아내는 매일 매일 기도하며 오매불망 남편을 기다렸고 어느덧 이미 해가 3년이나 바뀌었지만 남편의 소식은 전혀 없었다. 3년이 지나도 소식이 없자 아내는 남편의 죽음을 의심할 여지가 없었다. 그래서 가슴이 아프지만 개가를 해야만 했다. 아내가 개가를 한 지 한 달이 지나서야 왕복은 집으로 돌아왔고 비로소 아내의 개가 사실을 알게 되어 슬픔을 감출 수가 없었다. 며칠이 지나서야 두 사람은 상봉을 하게 되었지만 서로의 감정을 말로 표현할

수가 없었다. 한참을 말없이 울고 나서야 왕복이 말문을 열었다

"당신은 개가를 했지만 난 당신을 원망할 자격이 없소. 이 약을 당신에게 선물하리다." 라는 말을 남기고는 고향을 떠나 아주 먼 곳으로 가버렸다.

아내는 왕복이 떠난 후 밤낮으로 그리워했고 끝내는 병에 걸렸다. 생리가 불규칙하며, 얼굴이 병자처럼 누렇고, 몸이 야위고, 머리가 어지럽고 현기증이 나며, 사지가 힘이 없었다. 매번 왕복이 선물한 약재 꾸러미를 볼 때마다 왕복을 보고 싶은 생각은 더욱 간절했다. 그가 생각이 날 때마다 그리워하는 마음을 가누지 못해 약재 뿌리를 씹기도 하고, 약재를 달여 복용하기도 했는데 이게 웬 일인가! 그의 얼굴에는 핏기가 돌고, 생리도 정상적으로 돌아오고 나머지 증상도 회복되었다.

이후로 사람들은 이씨의 약 복용경험에 근거하여 많은 여인들에게 처방해 여러 부인병을 치료했다. 그리하여 부인과의 전용 약이 되었으며, 당나라 때의 시 가운데 "정당귀시우불귀(正當歸時又不歸)"라는 귀절이 있는데, 그것은 '곧 돌아올 때가 되었는데, 아직 돌아오지 않는다'는 뜻으로, 이것을 인용해 '남편이 당연히 돌아온다'는 뜻인 당귀를 사용하여 그 약초의 이름으로 쓰게 되었다.

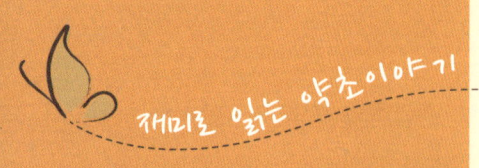

도라지

千山萬川都有覓　　천산만천도유멱
唯有商桔菊花心　　유유상길국화심
(많은 산과 많은 계곡을 모두 찾아다녀도 오직 상성현(商城縣)의 길경에만 국화무늬가 있네)

이 시는 화타(華陀)가 약초를 캘 때 만든 시구(詩句)다. 도라지의 한약명은 길경(桔梗)이며, 다른 이름은 진경(津梗)이다. 길경은 가래를 없애주고, 기침을 멎게 하며, 폐를 튼튼하게 하는 효능을 가지고 있다. 중국 하남(河南)의 상성현(商城縣)에서 나는 길경은 씨알이 굵고, 크고, 빛깔이 하얗다. 줄기를 절단해 보면 국화 모양의 속이 뚜렷하게 나타나기 때문에 '상길경(商桔梗)'이라고 불린다.

대별산(大別山) 기슭 북쪽 상성현(商城縣)에 상(商)씨 성을 가진 사람들이 모여 사는 작은 성씨촌(姓氏村)이 있었다. 그런데 어느 날 갑자기 마을에 괴질이 돌기 시작하였다. 사람마다 가슴이 답답하고, 배가 부어오르고, 기침이 멈추지 않아 남자들은 밭에 나가 일을 할 수가 없었고, 또 부녀자들은 천을 짤 수가 없을 정도였다. 그래서 마을은 근심으로 가득 찼다.

"큰일 났네! 온 마을에 병이 돌아서……."

마을에는 상풍(商風)이라는 처녀가 있었다. 그녀는 마을 사람들을 질병에서 구하려는 마음으로 산에 올라 무릎을 꿇고 하늘에 빌었다.

"신령님! 저희 마을에 괴질(怪疾)이 돌아 온 마을 사람들이 일을 못하고 고생하고 있습니다. 치료할 수 있는 약초를 내려주옵소서."

7일 동안 밤낮으로 꿇어 엎드린 채 꼼짝 않고 기도를 드렸다. 마침내 처녀의 기도가 신령을 감화시켰는지, '휙' 하고 홀연히 큰 바람이 일어 상풍을 휘감아 하늘로 올라가더니 사천(四川)의 아미산(峨嵋山)까지 데려갔다.

상풍은 강한 바람에 휩싸여 어리둥절하고 있는데, 어디선가 부르는 소리가 들렸다.

"상풍아!"

정신을 차려보니 동안(童顔)의 노선옹(老仙翁)이 손을 내민 채 그녀를 보며 웃고 있었다. 노선옹의 손에는 씨앗이 들려 있었다.

"이 씨앗을 가지고 가서 밭에 심거라. 그리고 그 뿌리를 캐어 마을 사람들에게 달여 먹여라. 그러면 병을 치유할 수 있을 것이다."

상풍은 머리를 조아려 노선옹에게 감사의 인사를 하는데, 순간적으로 맑은 바람이 불어와 그녀를 휘감아서는 마을까지 데려왔다.

상풍은 노선옹의 말대로 하였다. 그러자, 온 마을 사람들이 예전처럼 건강을 회복하였다. 마을 사람들은 너무나 고마워 상풍에게 감사하였다.

"그 한약을 먹고 이렇게 나았어. 고마워!"

마을 사람들은 약초 이름을 상풍이 뿌리를 받아왔다는 뜻으로 "상접근(商接根)"이라 지었으며, 어느 때부터인지 "길경(桔梗)"으로 불려 졌다.

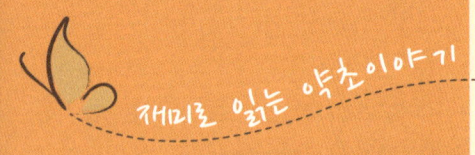# 둥굴레

옛날 중국의 유명한 명의인 화타가 약초를 캐기 위해 산을 올랐다. 그런데 갑자기 어디선가 시끄러운 소리가 들려왔다. 화타가 소리 나는 쪽을 보니 어떤 젊은 여자가 도망치는데 그녀의 뒤를 웬 건장한 남자 두 명이 쫓고 있었다. 그 장면을 보자 화타는 그 남자들에게 궁금하여 "당신들은 왜 저 젊은 여자를 뒤쫓고 있습니까?"라고 물어보았다. 그러자 한 남자가 대답하기를,
"저 여자는 3년 전 저희 주인집 하녀였는데, 몰래 도망쳤다가 최근에 어떤 사람이 그녀를 보았다고 연락이 와서 잡기 위해 쫓는 중입니다."
하지만 그 여자는 워낙 걸음이 빠른지라 결국 잡지 못하고 두 남자는 하는 수 없이 돌아서야 했다. 화타가 그 장면을 보고 곰곰이 생각하기를,
'아마도 저 여자가 남자들이 쫓지 못할 정도로 힘이 넘치는 것으로 보아 매우 좋은 어떤 약초를 먹었을 거야.'
그래서 화타는 그 여자를 찾기로 하고 나섰는데 결국 그 여자가 자주 나타나는 곳을 알게 되었다. 화타는 그 여자가 잘 나타나는 곳에 맛있는 음식을 갖다 놓고 기다렸더니 정말 그 여자가 나타난 것이 아닌가? 순간 화타는 그 여자를 꽉 붙잡았고, 그러자 그 여자는 도망가려고 안간힘을 썼다. 하지만 화타 역시 그 여자를 꽉 붙들고 놓지 않았다. 화타는 여자를 안심시키며 말을 했다.
"나는 의원인데 단 한 가지만 물어보고 풀어줄 테니 도망가지 마라."
그 말을 들은 여자가 어느 정도 안심을 하자 화타는 그 여자에게 다시 말을 건넸다.

"너도 언제까지나 계속 도망만 다니기가 쉽지 않을 것이니 차라리 나의 양녀가 되는 것이 어떻겠느냐?"
그랬더니 결국 그 여자도 감사히 생각하며 그의 제안을 받아들이기로 했다.
그 후 어느 정도 시간이 흘러 자신의 양딸이 된 여자에게 화타는 산에 있을 때 먹었던 약초에 대해 물어보았다.
"너는 도대체 산에 있을 때 무엇을 먹었느냐?"
  그 말에 양딸이 대답하기를,
"저는 산에 있을 때, 색이 노랗고 닭과 비슷하게 생긴 뿌리를 캐어 먹었습니다."
화타는 양딸과 함께 산에 올라 그 약초를 찾아내어 환자들에게 먹여보았는데 정말로 몸을 보하는데 효과가 있었다. 게다가 폐병에 매우 효과가 좋고, 보정(補精), 보기(補氣)하는 작용을 하였다. 그 후에 이 약재를 정(精)을 튼튼히 하는 노란색의 약이라는 뜻으로 '황정(黃精)'이라고 불렀다.

재미로 읽는 약초이야기

마

중국의 군웅할거(群雄割據) 시대 때의 이야기다. 제후(諸侯)들 간에는 영토 확장을 꾀하기 위하여 필사적인 전투가 벌어졌다. 힘센 나라는 주변의 약한 나라를 호시탐탐 넘보고 있었다. 이것은 영토 확장의 목적도 있었지만, 강한 군사력을 과시함으로써 약한 나라들로부터 조공을 바치게 하려는 속셈도 있었다.

"옆에 있는 조그만 것이 눈에 거슬리니 쓸어버리자!"

힘센 나라가 옆의 약소국에 선전 포고를 내렸다. 힘센 나라가 물밀듯이 쳐들어오자, 약소국 조정 대신들이 머리를 맞대고 대책을 숙의하였다. 그러나 강대국 군사들이 쳐들어와 마침내 약소국 영토를 점령하였다.

"남은 군사들을 총 집결토록 하라!"

약소국 군대는 2~3천 명의 군사가 최후까지 남았다. 그들은 전세에 밀려 어느 산 밑에까지 후퇴하기에 이르렀다.

그들은 목숨을 부지하려고 산 속으로 피해 달아났다.

"날도 어두워졌으니 그만 돌아가자. 다 이긴 싸움인데, 더 이상 쫓을 필요가 없다. 산을 둘러싸고 진을 쳐라!"

싸움에 이긴 강대국 군사들은 잔병을 쫓지 않고 약소국 군사들이 숨어버린 산 주위를 빙 둘러쌌다. 그들은 산으로 숨어든 병사가 식량이 떨어져 굶어 죽거나 투항하기를 기다렸다.

"흠, 놈들을 공격하지 않아도 산 속에서 풀이나 뜯어 먹겠지! 그러다 먹을 것이 떨어지면 결국 산에서 내려와 투항할 거야!"
강대국 장수는 느긋하게 기다렸다. 그러나 반년을 기다려도, 일 년을 기다려도 산 속으로 들어간 군사들은 한 명도 내려오지 않았다.
"사람은 물론 끌고 간 말까지 모두 굶어 죽었나 보군!"
어느 날 저녁, 모두 죽었을 것으로 생각하여 방심한 사이에 산 속에 있던 병사들이 왕성한 기세로 돌진하여 왔다.
"기습 공격이다!"
산 속의 군사들은 강대국 진지를 맹렬하게 공격하였다. 거의 일 년을 승전에 심취해 있던 강대국 병사들은 별로 싸워 보지도 못하고 도망가기 바빴다. 반대로 산 속에 있던 군사들은 패전의 교훈을 거울삼아 모두가 혼연일체로 싸움에 전력하였다. 마침내 잃었던 땅을 되찾았다.
싸움에 진 강대국 사람들은 나중에 약소국 군사들이 산에서 무엇을 먹고 지냈고, 어떻게 몸을 단련시켰는지를 알아보았다. 약소국 병사들이 숨어든 산 속에는 여름에는 하얀 꽃이 피고, 뿌리는 크고 굵은 식물이 있었다. 산 속으로 도망간 약소국 병사들은 맛이 달고 먹기 좋은 이 뿌리(마)를 캐어 먹었다. 남은 줄기와 잎사귀는 말을 먹였다. 그러면서 약소국 군사들은 잃었던 땅을 탈환하기 위하여 힘을 길렀다. 병사들은 이 뿌리를 '산우(山遇)'라고 불렀다. 그 이유는 식량을 구하려 할 때, 산 속에서 우연히 만났다고 해서 그렇게 불렀다. 그 후 산우는 식량으로도 쓰였고, 게다가 소화기 계통의 기능을 조절하여 주고, 폐와 신장의 양분을 제공하기 때문에 약재로 사용할 수 있다는 것을 알게 되었다. 그래서 산에서 보양하는 약이라는 뜻의 산약(山藥)으로 이름을 바꾸어 지금까지 사용되고 있다.

텃밭 가꾸기_ 77

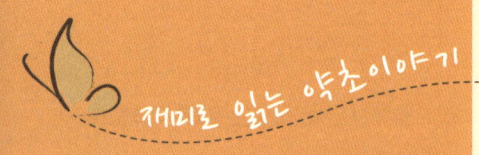

민들레

옛날 하늘나라에 포공영(蒲公英)이란 이름을 가진 아름다운 선녀가 있었다. 선녀는 인간세상의 아름다운 이야기를 듣고 나서 호기심이 발동해 옥황상제 몰래 인간 세상에 내려왔다. 선녀는 이산 저산을 날아다니며 인간세상의 아름다운 꽃, 신선한 꽃, 감동을 주는 아름다운 새들의 노래들을 들으며 소일을 했다. 이렇게 즐겁게 유람을 하다 보니 자기도 모르게 황혼 무렵이 되었다. 선녀가 하늘나라로 돌아가려 생각했을 때 큰 나무 뒤에서 호랑이의 울음소리가 들려왔고, 잠시 지나자 며칠을 굶주린 듯한 호랑이가 어슬렁어슬렁 나타나더니 입을 크게 벌리고는 선녀를 향해 돌진해 왔다.

선녀는 겁에 질려 그만 기절해 인사불성이 되었고 그 순간 어디선가 몇 개의 화살이 날아와 호랑이를 명중시켜 선녀를 구해 주었다. 그 주인공은 짙은 눈썹에다 큰 눈을 가진 영준한 젊은 나무꾼으로 정성스럽게 간호를 하며 선녀가 깨어나기를 기다렸다.

"아가씨, 아가씨 정신 차리세요."

한참이 지나서야 선녀는 천천히 의식을 되찾았고 눈을 떠보니 처음 보는 남자에게 몸을 의지한 채 간호를 받고 있는 것이 부끄러웠지만 그의 목숨을 구해 준 생명의 은인이라 생각이 되어 큰절을 올리려 했다. 당황한 나무꾼은 얼른 선녀를 일으켜 세웠고 그에게 말을 했다.

"이러지 마세요. 당연한 일을 했을 뿐입니다."

"보세요. 지금 날도 이렇게 저물었고 이곳은 산림이 우거져 위험한 곳입니다.

누추한 곳이나 늙은 노모와 둘만 있으니 저의 집에 가세요. 오늘을 보낸 뒤 날이 밝는 대로 모셔다 드리지요."
이렇게 마음 착한 나무꾼에게 선녀는 바로 사랑에 빠져버렸다. 그래서 선녀는 기쁜 마음으로 나무꾼을 따라 집으로 갔다. 그의 모친은 선녀를 보자 친절하게 맞이하여 주었다. 선녀는 인간세상의 아름다움과 사람들의 살아가는 모습을 보고는 하늘나라의 생활이 적막하고 무료하다고 느꼈다. 그래서 선녀는 나무꾼과 백년해로를 약속하고 인간 세상에 남기로 했다. 이리하여 선녀와 나무꾼은 달콤한 신혼 생활을 시작했으나 얼마 지나지 않아 옥황상제에게 발각되었다. 하늘나라에서 파견된 신병(神兵)들에게 체포된 채 하늘나라로 돌아간 선녀는 감옥생활을 하게 되었다. 이 광경을 목격한 나무꾼은 조급해 했지만 아무런 대책이 없었다. 매일 매일 아내의 생각에 조급해진 나무꾼은 화(火)기가 위로 올라 결국은 고열(高熱)로 의식을 잃어 47일간을 몸져 앓아누웠다. 포공영이 하늘나라의 감옥에서 이 사실을 알고 매우 고통스러워 눈물을 하염없이 주륵 주륵 흘렸다. 이렇게 그의 눈물이 봄비로 변하여 인간세상을 적셔 주었다. 이렇게 하여 하루 저녁사이 만산에 청열해독(淸熱解毒)을 할 수 있는 작은 야생화가 만발하였다. 또 이튿날 아침 나무꾼의 집 앞에는 혈서로 적힌 "치호정랑 야화오탕(治好情郞 野花熬湯 : 사랑하는 사람을 치료하기 위해서는 야화로 만든 탕약을 복용해야 한다)"이란 쪽지 한 장이 날아왔다. 마을 사람들이 야화를 캐어 탕약으로 나무꾼에게 복용시키자 일주일도 되지 않아 나무꾼의 병은 완전히 호전 되었다. 사람들은 만산에 피어난 야생화는 포공영이 변한 것이라 이구동성으로 입을 모아 말을 하였고 그 야생화를 포공영이라 이름 하였다.
이 일이 있은 후 마을 사람들은 열이 있거나, 종양 등의 증상에는 포공영으로 즙을 내어 마시거나, 달여 복용하였더니 다른 약보다 효과가 훨씬 좋았다.

재미로 읽는 약초이야기

삼지구엽초

중국 사천(四川) 지방에 양을 치는 목동이 있었다. 목동이 양떼를 몰고 산언덕으로 올라 양을 치다가 한 마리 숫양에게 관심을 갖게 되었다. 그 양은 하루에 백 마리도 넘는 암양과 교미를 하는 것이었다. 목동은 기이하게 여겨 그 숫양을 유심히 지켜보기로 했다. 이상한 것은 수십 마리의 암양과 교접을 한 숫양이 기진맥진하여 쓰러질 듯 비틀거리면서 산으로 기어 올라가는데 얼마 후 내려올 때에는 어떻게 원기를 회복했는지 힘차게 달려오는 것이었다. 이를 본 목동은 교접을 끝내고 비틀거리며 산으로 올라가는 숫양의 뒤를 따라갔다. 숫양은 숲 속 깊이 들어가더니 어느 나무 아래의 풀을 정신없이 뜯어먹는 것이었다. 풀을 다 뜯어먹은 숫양은 바로 원기를 회복하더니 다시 내려가 암양과 교접을 즐기기 시작했다.

"아하! 저 풀이 정욕을 치솟게 만드는구나."

목동은 호기심에 숫양이 먹던 풀을 뜯어 먹었다. 그러자 허기도 안 나고, 정욕도 왕성해지는 것을 느꼈다. 그래서 이 풀은 음탕한 양의 풀이란 뜻을 가진 '음양곽(淫羊藿)'으로 불렸다. 또 이풀은 방장초(放杖草), 선령비(仙靈脾)라고도 불린다. 세 개의 가지를 가지고 있고, 하나의 가지에서 잎이 세 잎씩 난다고 하여 삼지구엽초(三枝九葉草)로 불렸던 이 풀은 방장초(放杖草)로 불리게 된 유래가 있다.

한 마을에 칠순이 가까운 노인이 살았다. 이 노인이 어느 날 산으로 나무를 하러 갔다가 우연히 이 풀을 발견하고 뜯어 먹게 되었다. 그런데 이게 웬일인가. 산에 오를 때는 지팡이를 짚고 간신히 올라갔던 노인이 풀을 먹고 난 후로는 원기가 왕성해져 지팡이를 팽개치고 뛰어 내려왔다. 노인은 다시 청춘을 찾아 아들까지 낳게 되었다. 이런 이유로 지팡이를 던지게 만든 풀이라는 뜻의 "방장초"로 이름이 붙여졌는데, 이 소문이 퍼져 나가자 사람들은 다투어 삼지구엽초를 찾았다. 이때부터 삼지구엽초는 수난을 겪기 시작했다고 한다.